This is Monet

디스 이즈 모네

초판 1쇄 인쇄 2017년 8월 16일
초판 1쇄 발행 2017년 8월 31일

지은이 사라 파프워스
일러스트레이션 오드 반 린
옮긴이 김영주
펴낸이 김지훈
펴낸곳 도서출판 어젠다

출판등록 2011년 7월 26일 (제2015-000263호)
주 소 서울시 마포구 양화로 7길 61-6(서교동)
전 화 (02)333-5897 | 팩스 (02)333-8460
이메일 agendabooks@naver.com

ISBN 978-89-97712-30-4 03600
이 도서의 국립중앙도서관 출판시도서목록(CIP)은 e-CIP홈페이지(http://www.nl.go.kr/ecip)와
국가자료공동목록시스템(http://www.nl.go.kr/kolisnet)에서 이용하실 수 있습니다.(CIP제어번호: CIP2017020146)

This is Monet

디스 이즈 모네

글 **사라 파프워스**Sara Pappworth
일러스트레이션 **오드 반 린**Aude Van Ryn
옮김 **김영주**

AgendA

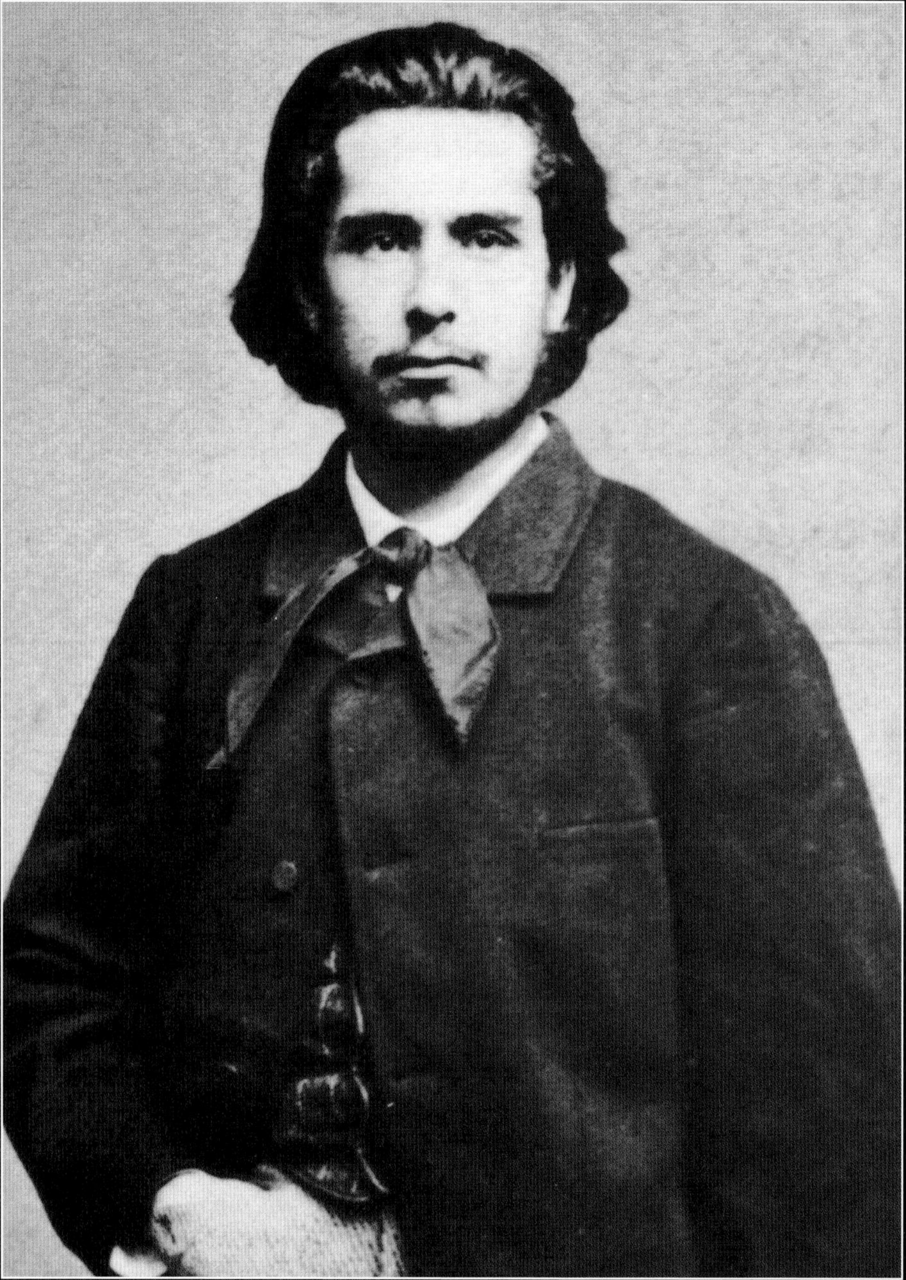

클로드 모네, 1864년

사진 속 남자는 22세의 **오스카 클로드 모네**Oscar-Claude Monet다. 젊은 청년의 모습에서 강한 자신감이 물씬 풍긴다. 체구는 다소 작지만 그 풍모가 당당하다. 목에 두른 크라바트(넥타이처럼 매는 남성용 스카프)의 활 모양 매듭에서 자유로우면서도 신중한 보헤미안의 느낌이 묻어난다. 표정은 온화해 보이지만 깊은 눈동자에서 날카로움이 느껴진다. 야무져 보이는 아랫입술은 곧 수염으로 뒤덮이게 되는데, 이는 향후 수년간 그의 얼굴에서 두드러진 특징이 된다.

모네는 프랑스 화단에서 인상주의의 선구자로 잘 알려져 있다. 그는 자의식이 강한 현대적 주제와 화풍을 추구하는 데 일생을 바쳤으며, 그의 접근법은 독특했고 주관적인 경험에 근거했다. 그는 그림을 그리는 규칙과 이론을 따르지 않았고 오히려 이에 전면적으로 저항했다.

모네는 생애 86년 동안 한 번도 붓을 놓지 않았다. 항상 그는 그림을 그리고 싶은 충동에 이끌려 붓을 잡았고, 60년에 걸친 왕성한 창작 활동으로 2,000점이 넘는 그림을 남겼다. 젊은 시절엔 인정받기 위해 애썼고 재정적인 어려움을 겪기도 했지만, 중년에 이르렀을 때는 가장 성공한 예술가들 중 한 명이 되었다. 한마디로 중년의 그는 유명인사였다. 모네는 이런 성공에도 불구하고 현실에 안주하지 않았다. 그는 70대, 80대에도 계속 그림을 그리며 새롭고 놀라운 방식으로 자신의 예술 세계를 발전시켜 나갔다.

어린 익살꾼: 1840-58

오스카 클로드 모네는 1840년 11월 14일 파리에서 출생했다. 그는 선박용품을 파는 상인 아버지 클로드 아돌프Claude Adolphe와 음악가 어머니 루이스 쥐스틴Louise-Justine 사이에서 둘째 아들로 태어났다. 모네의 아버지는 처남의 식료품 도매업이 성공하자 이 사업을 함께 하기로 했고, 모네가 5살이 되던 해 온 가족을 데리고 르 아브르Le Havre로 이사를 했다. 바닷가 시골 마을에서 살게 된 모네는 그 주변을 돌아다니며 자연을 탐험하는 것을 매우 좋아했다. 하지만, 학교 공부는 늘 지루했고 집중하기 힘들었다. 훗날 모네는 그 시절을 이렇게 회상했다. "내 노트는 선생님들의 얼굴을 최대한 변형시킨 불손한 그림들로 빼곡했다." 그리고 "16살 무렵엔 캐리커처로 마을에서 꽤 유명해져 동네사람들을 그려주며 상당한 용돈을 벌었다."며 "내가 계속 초상화를 그렸다면 지금쯤 백만장자가 되었을 것이다!"라고 우스갯소리를 했다고 한다. 매주 일요일마다 다섯 점 정도의 새로운 풍자화가 표구점 윈도우에 걸렸고, 마을 사람들은 그 앞에 모여 자신이나 지인들을 알아보며 한바탕 웃곤 했다.

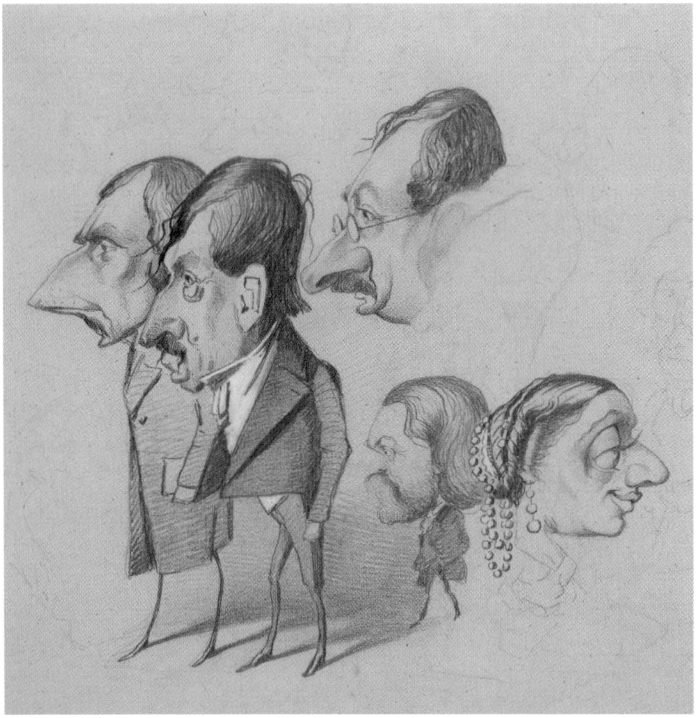

작은 판테온 극장의 연극배우들
Petit Pantheon Theatral

클로드 모네, 1860

종이에 연필
34 × 48 cm(13⅜ × 18⅞ in)
마르모탕 모네 미술관, 파리

부댕의 바다 풍경화에서 영감을 받다!

표구점 주인은 모네의 풍자화 위에 그 지역에서 성공한 어느 예술가의 조그마한 바다 풍경 그림을 걸었다. 바로 외젠 부댕Eugène Boudin의 것이었다. 몇 년 후, 모네는 "진정 내가 화가가 되었다면 그것은 외젠 부댕 덕분이다."라고 했다. 그러나 15살의 모네가 그를 처음 만났을 땐, 젊음의 오만함으로 부댕과 그의 바다 풍경화를 외면했다. 그러던 어느 날, 부댕은 모네에게 캐리커쳐에 재능을 낭비하고 있다며 대신 그곳의 바다 경치를 그려보도록 그를 독려했다. 훗날 모네는 그림을 그리기 위해 부댕과 함께 했던 이 여행들을 회상했다. "나는 좀 더 찬찬히 주의 깊게 보았다. 그러자 마치 안개가 한쪽으로 걷히는 느낌이었다… 그림을 그린다는 것이 무엇인지 비로소 깨달았다. 부댕은 제대로 보고 이해하는 법을 내게 처음으로 가르쳐 준 사람이었다!"

부댕은 야외에서 그리는 것을 고집했다. 특히 변화무쌍한 빛과 날씨를 포착하기 위해서 특히 바다에서의 작업을 강조했고 이는 모네에게 지속적인 영향을 미쳤다. 사실 부댕이야 말로, 모네의 그림 작업에 있어 이후의 어떤 스승보다도 직접적인 영향을 가장 많이 끼친 사람이었다. 일 년마다 열리는 르 아브르 전시회에 부댕과 나란히 그림을 전시했을 때가 모네의 나이 18살이었다. 이 당시, 이미 그는 앞으로의 삶을 지배하게 될 그림에 대한 주제와 접근방식에 전념하고 있었다.

트루빌 해변
Beach Scene, Trouville

외젠 부댕, 1870-74

목판에 유화
18.2 × 46.2 cm(7⅛ × 18⅛ in)
내셔널 갤러리, 런던

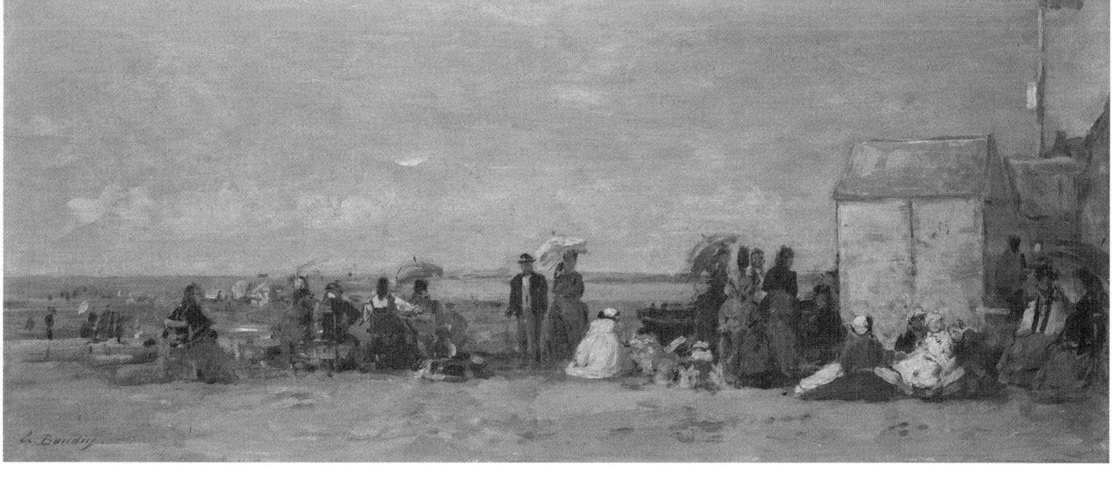

파리에 가다: 1859-61년

부댕은 모네에게 파리의 미술학교에서 공부할 것을 권유했다. 그곳은 성공한 예술가들이 젊은 수련생들을 가르치는 스튜디오였다. 하지만 모네의 아버지는 모네의 가능성을 일찍부터 알아왔음에도 불구하고 아들이 그림 계통으로 나가길 원치 않았다. 그러다 모네의 어머니가 세상을 떠났고, 그 후 돈은 있으나 자식이 없던 고모는 모네가 파리에서 공부할 수 있도록 학비를 지원해주겠다며 나섰다.

모네가 파리에 처음 도착했을 때 그는 겨우 18살이었지만, 자신의 길을 걷겠다는 그만의 독특한 결정을 보여주었다. 고모 르카드르Lecadre 부인은 모네가 전통 있는 미술학교에 등록하길 원했지만, 그는 틀에 박힌 가르침이 없는 비교적 자유로운 분위기의 아카데미 쉬스Académie Suisse를 선택했다. 그곳에서는 모델을 그릴 수 있었고, 근면한 분위기도 마음에 들었다. 그곳에서 모네는 많은 급우들의 작품을 통해 영감을 얻었고, 무엇보다도 인상파 동료이자 평생의 친구가 될 카미유 피사로Camille Pissarro를 만나게 되었다.

현재 남아있는 모네의 초기 드로잉과 그림들은 몇 점 안 되지만 상당히 조숙한 수준의 솜씨를 보여준다. 또한, 그가 부댕에게 보낸 편지들을 보면, 다른 화가들의 그림에 대한 높은 이해와 예술시장에 대한 관심을 이미 분명하게 가지고 있었다. 하지만 모네는 자신감이 좀 넘쳤던 것 같다. 먹고 마시는 데에도 많은 시간을 쏟았으니 말이다! 그에게 파리의 예술가 모임은 도저히 거부할 수 없는 것이었다. 그곳에서는 많은 화가와 작가들이 모여 새로운 예술에 대해 토론했다. 그가 가장 자주 드나들던 곳은 진보적인 예술가들의 모임인 브라스리 데 마르티르Brasserie des Martyrs였다.

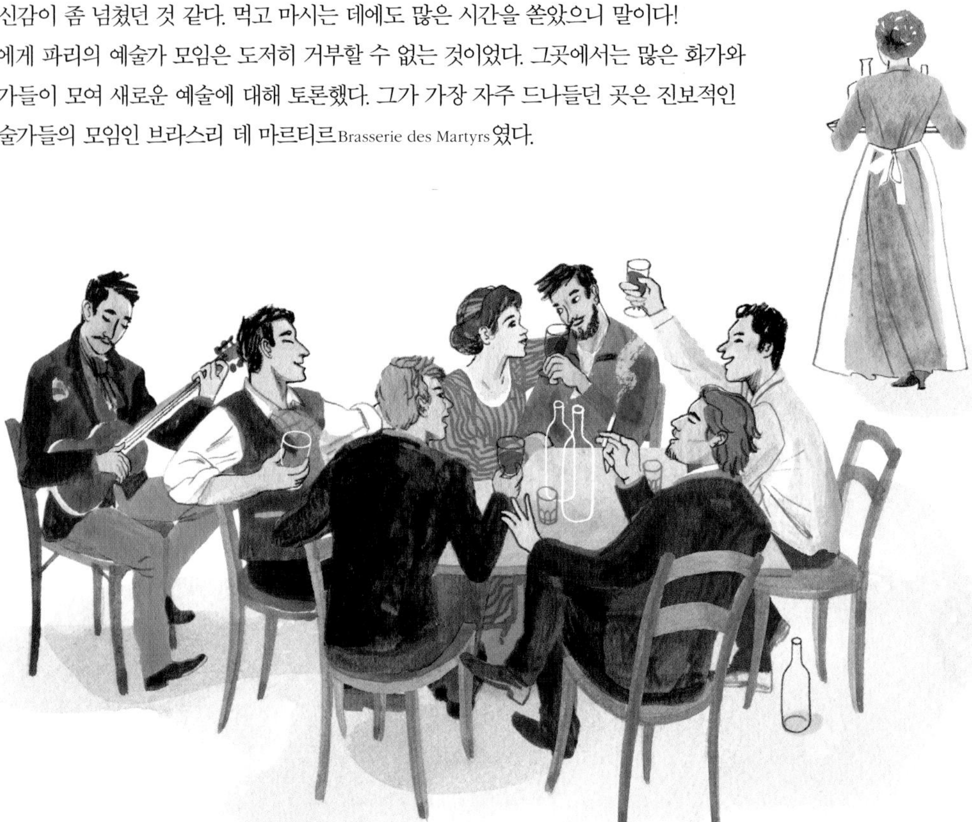

군대에 가다

모네의 가족은 그가 파리에서 생활하는 방식이 썩 마음에 들지 않았다. 그러던 중, 1861년 4월에 그는 군대에 징집되는 불운을 겪었고(당시 프랑스는 7년의 복무생활을 하는 군인을 추첨을 통해 뽑았다), 이때 아마도 가족들은 군대 규율이 제멋대로 생활하는 그를 고쳐놓길 바랐을 것이다. 그러나 모네는 이를 흥미진진한 예술적 모험의 일환으로 보았다. 당시 돈을 내고 징집을 면제받는 관행이 있었는데도, 그는 아프리카 경기병 연대에 들어가 복무하기를 택했다. 그는 멋진 다홍색 유니폼을 입고 말타기를 배웠고, 얼마 후 알제리로 파병되었다. 수년 후, 그는 그 당시에 대해 다음과 같이 회상했다. "나의 시야는 참으로 풍부해졌다… 그곳에서 내가 받은 빛과 색채의 인상이… 그곳에 바로 내 미래의 싹이 움트고 있었다."

하지만, 예정되었던 7년의 군 생활은 1년 만에 끝이 나고 말았다. 모네가 장티푸스에 걸려 1862년 8월에 집으로 후송되었기 때문이다. 르카드르 고모는 조카를 불쌍히 여겨 그의 남은 군복무 기간을 면제시켜주기로 했다. 관행대로 그의 자리를 대신할 대체병사를 사기 위해 3,000프랑이라는 상당한 돈을 쓰게 되었고, 이 대가로 모네는 그림을 더욱 열심히 그릴 것과 기존 회화의 관습적인 지침들을 잘 따르기로 고모와 약속해야 했다.

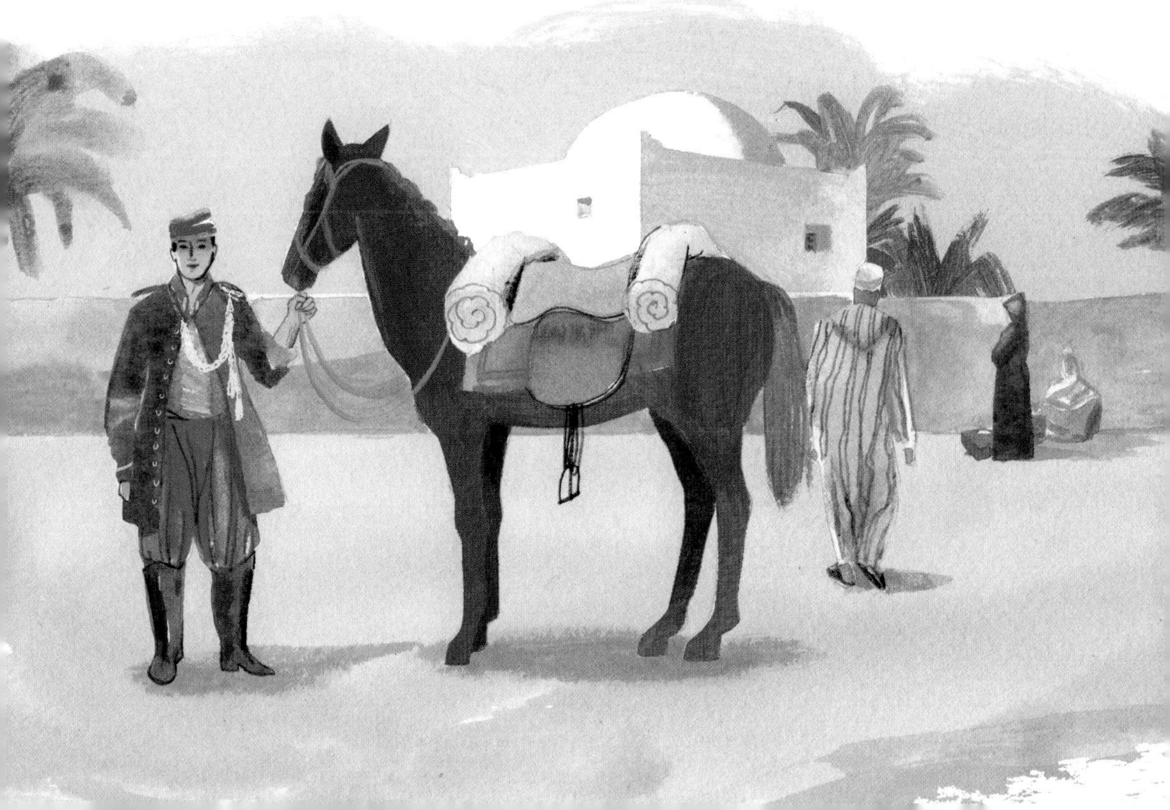

학업으로 돌아가 첫 살롱에 성공하다, 1862-65년

진지하게 공부하기로 결심한 모네는 상당한 명성을 얻고 있던 아카데미풍의 화가 샤를 글레르Charles Gleyre의 아틀리에에 등록했다. 샤를 글레르는 회화보다 드로잉을, 사실보다 이상을 선호하는 사람이었다. 한번은 그가 모네의 라이프 드로잉(살아있는 생물을 생동감 있게 그리는 행위)을 보고 "자네는 저 자에게 막노동꾼의 발을 달아주었구만!"라고 지적했다. 모네가 그저 자신의 눈에 보인대로 그렸을 뿐이라며 반박하자, 글레르는 고전적인 아름다움의 이상을 따라 매끄럽게 그려 내야한다고 대꾸했다. "사물을 그릴 땐 항상 고전에 대해 생각해야 하네."

그럼에도 불구하고, 글레르의 아카데미는 다른 아카데미들에 비하면 덜 엄격한 편이라 활달한 학생들이 많이 들어왔다. 이곳에서 모네는 추후 그에게 가장 중요한 영향력을 미치게 될 친구들을 만나게 되었다. 특히 프레데리크 바지유Frederic Bazille, 피에르 오귀스트 르누아르Pierre-Auguste Renoir, 알프레드 시슬레Alfred Sisley와는 평생 친구가 되었고, 결과적으로 약 10년 후에 이들의 우정은 인상주의의 밑거름이 되었다.

한편, 모네는 르카드르 고모에게 그녀의 돈이 헛되이 쓰이고 있지 않음을 확인시켜야 했다. 그렇게 하기 위해선 파리 살롱에 작품을 전시하는 것만이 유일한 방법이었다. 모네와 친구들은 살롱 심사단이 관습적이고 이상화된 그림만 받아들이는 무리들이라며 몹시 싫어했지만, 그럼에도 불구하고 그들은 작품을 출품할 수밖에 없었다. 설상가상으로 1860년대 당시 살롱은 역사적인 장면이나 인물을 주제로 한 그림을 선호하고 풍경화나 정물화는 훨씬 열등한 것으로 여기고 있던 때였다. 하지만 1830년대부터 장 바티스트 카미유 코로Jean Baptiste-Camille Corot, 테오도르 루소Théodore Rousseau와 같은 많은 예술가들이 풍경화로 인정받기 시작하면서 이런 생각도 조금씩 변하고 있었다. 젊은 모네는 자신이 가장 자신 있는 주제를 채택함으로써 그들의 뒤를 따르기로 결심했다.

1865년 모네는 살롱에 두 점의 바다 풍경화를 출품했는데, 그중 하나가 〈에브의 간조 The Pointe de la Hève at Low Tide〉이다. 이미 여기서 24세 청년의 뛰어난 재능을 볼 수 있다. 노르망디 해안의 변화무쌍한 날씨가 대단히 잘 묘사되어 있다. 밝게 빛나는 바다… 그 바다 위에 감도는 반짝이는 푸르스름한 빛, 그리고 그 위로 어둡게 내리 깔린 구름… 다행히 모네의 풍경화 두 점 모두 살롱에서 채택되었고 심지어 호평까지 받았다.

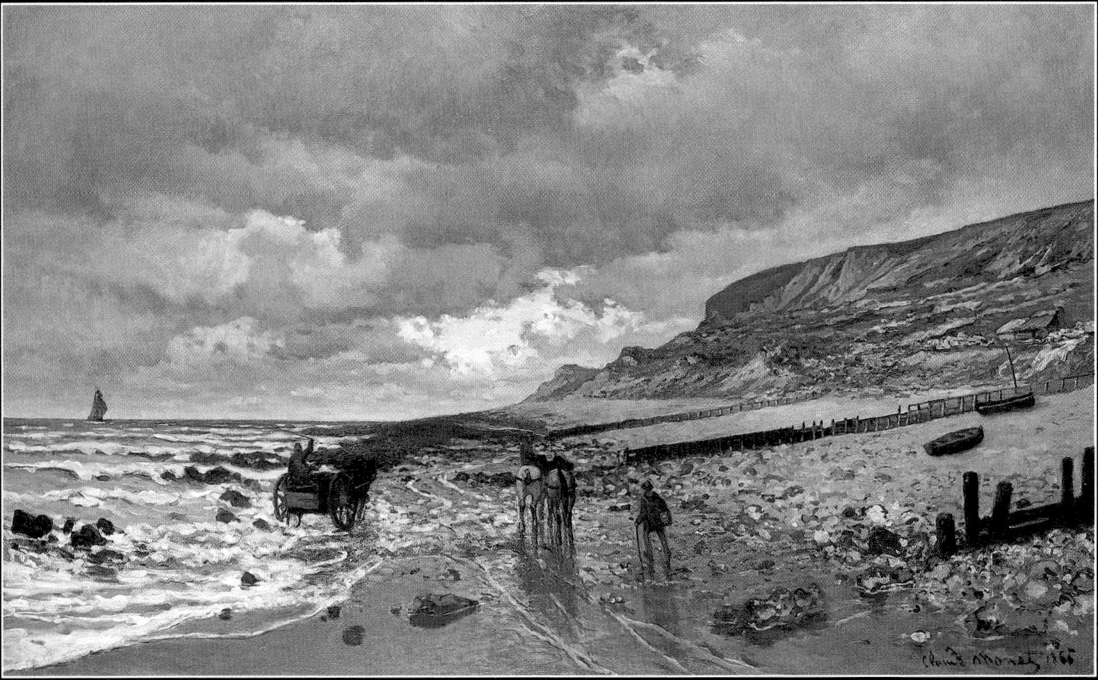

에브의 간조

The Pointe de la Hève at Low Tide

클로드 모네, 1865

캔버스에 유화

90.2 × 150.5 cm(35½ × 59¼ in)

불쌍한 카미유!

1866년, 모네는 풍경화로 살롱에서 더욱 큰 성공을 거두었다. 이에 용기를 얻은 그는 위기에서 벗어나기로 결심하고 인물화를 그리기 시작했다. 그가 거듭해서 그린 인물이 바로 19살의 모델 카미유 레오니 동시외Camlile-Leonie Doncieux였다. 그녀의 검고 탐스러운 긴 머리카락과 매혹적인 검은 두 눈은 여러 젊은 예술가들에게 영감을 주었다. 그녀의 성격 때문인지 상황 때문인지 알 순 없지만, 어떤 이유에서인지 그녀는 항상 '불쌍한 카미유'라고 불렸다!

모네와 카미유가 처음 만난 것은 1866년쯤이었다. 1866년에 모네는 우아한 드레스를 입고 어두운 실내에 서 있는 카미유의 모습을 그려 살롱전에 출품했고, 이 관습적인 초상화로 비평가들의 눈길을 끌며 그의 이름을 알릴 수 있는 계기를 얻게 되었다.

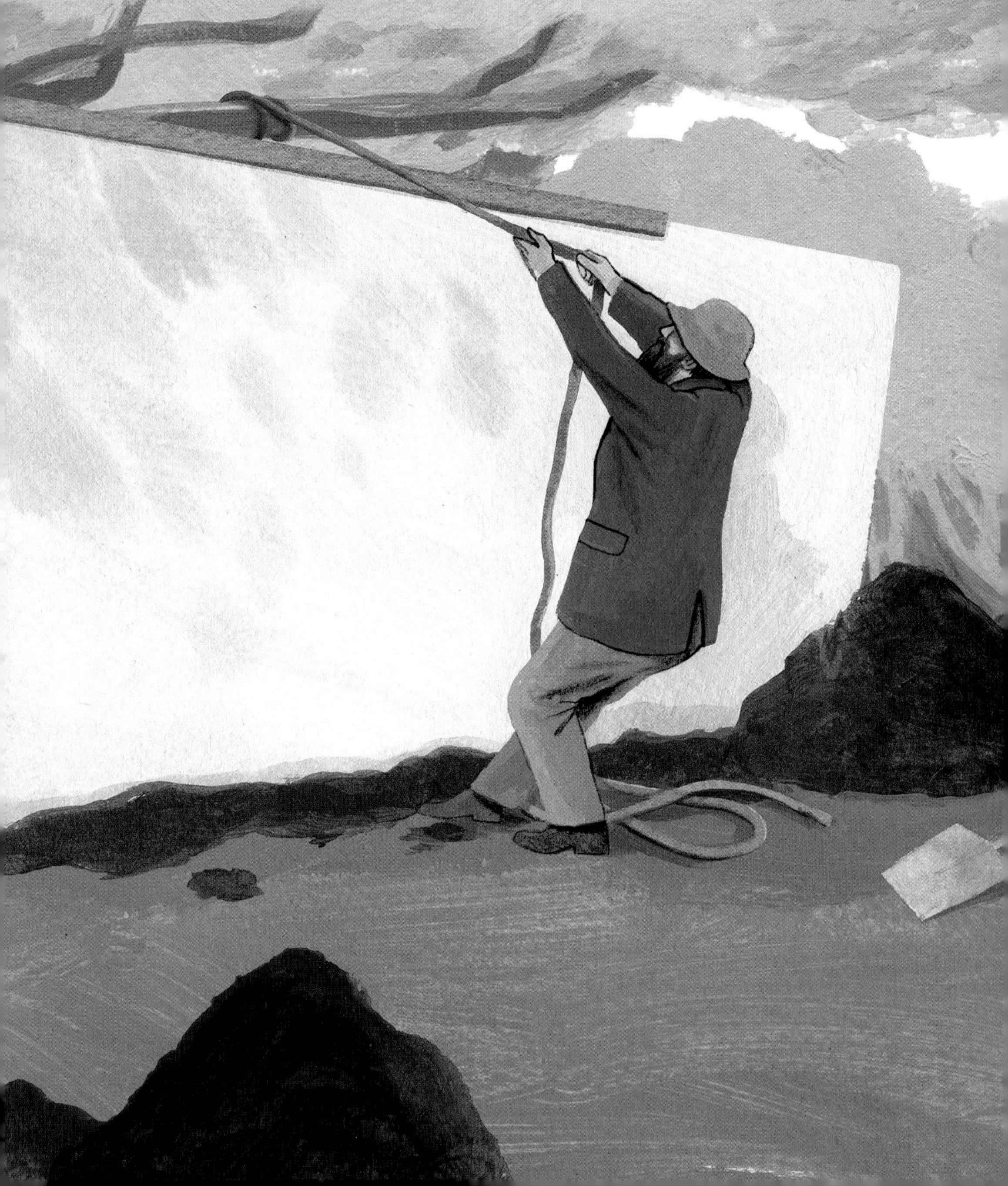

이어서, 모네는 여러 인물들이 정원에 있는 그림을 구상했다. 이 작품에서 보이는 네 명의 여성은 각기 다른 포즈를 취하고 있지만, 그중 세 명은 실제로는 한 사람, 바로 카미유다. 그림은 인물의 실제 크기로 계획되었기 때문에 캔버스의 크기도 어마어마했다.

모네는 자연광선 아래에서 실제 효과를 보여주기 위해 야외에서 그림을 그리기로 결심했다. 무성한 잎사귀 사이로 새어나오는 밝은 햇살 조각, 그리고 어스름한 그림자 속에서 피어오르는 푸른빛을 그려내고 싶었다. 하지만 캔버스가 워낙 크다보니 실제로는 어려움이 많았다. 손이 닿지 않는 곳에 그림을 그리기 위해 사다리를 사용하는 대신, 그는 정원에 깊은 도랑을 파고 그 안에 캔버스의 아랫부분을 묻어 고정시켰다. 그리고는 캔버스를 도르래 장치에 연결하여 위아래로 감아올렸다 내렸다 높이를 조정하며 그림을 그려나갔다.

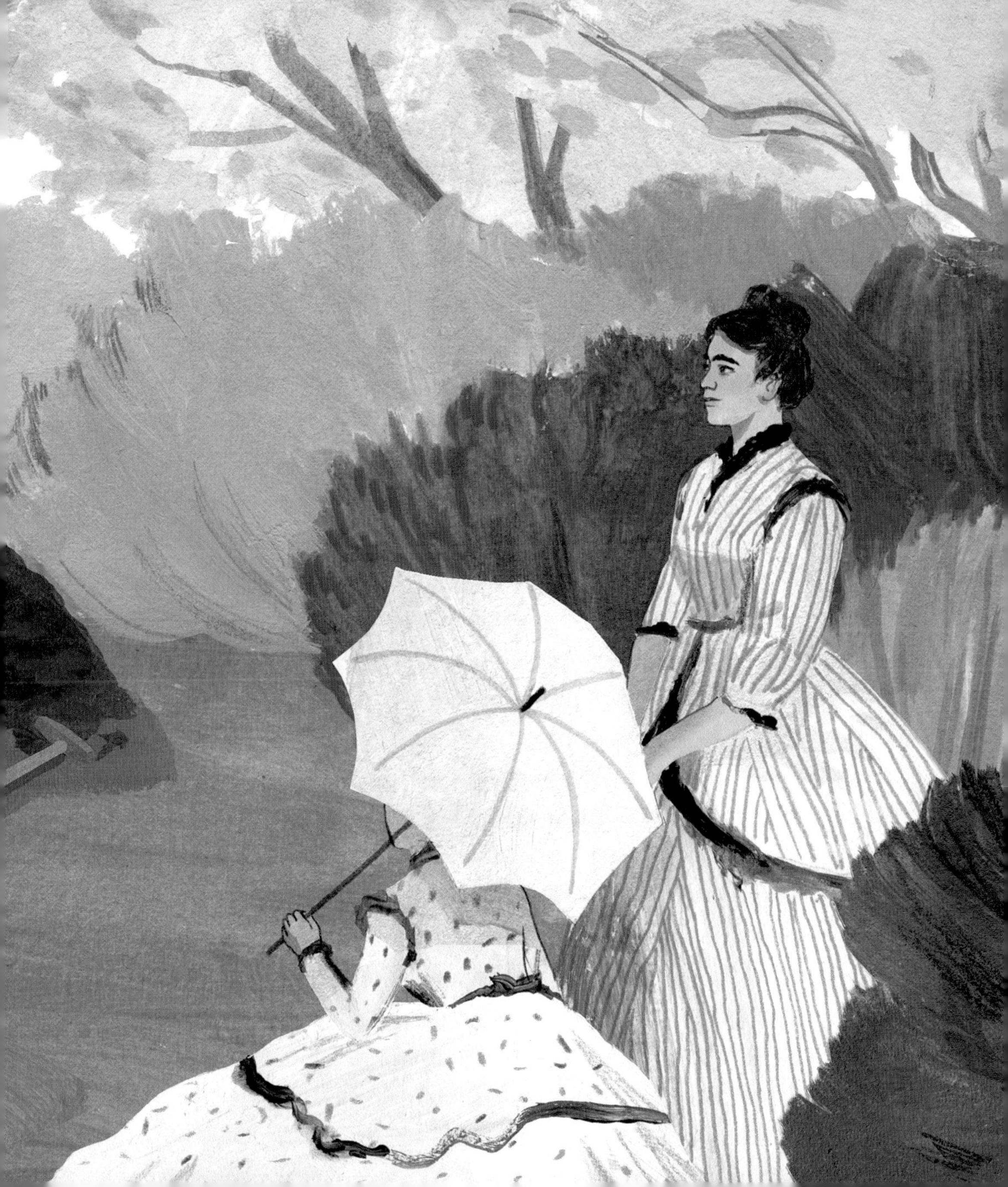

모네, 도전하다

마침내 작업을 마쳤을 때, 모네는 그 작품을 그냥 〈정원의 여인들women in a garden〉이라고 불렀다. 같은 공간에 있으면서도 서로 어우러지지 않는 인물들의 포즈가 다소 부자연스러워 보이긴 해도, 그들을 비추는 채광은 이전에는 볼 수 없던 수준이었다. 이 그림을 본 사람들은 여인들의 드레스에 푸르스름하게 드리워진 그림자를 보고 깜짝 놀랐다. "그림자는 원래 회색 아닌가요?" "전혀 그렇지 않아요!" 모네의 대답이었다. "자세히 보면 햇빛 속에서 그림자는 푸르스름하게 보일 겁니다."
이 그림의 제목에 별다른 의미가 없어 보이겠지만, 사실 살롱의 심사단에게 도전을 표명한 것이었다. 그들은 인물화란 평범한 여성이 아닌 유명한 인물을 특색으로 해 역사적이면서도 가치 있는 이야기를 보여주는 것이어야 하며, 야외가 아닌 작업실에서 그려져야 한다고 믿는 사람들이었다. 심사 위원들이 낙선시킨 작품들을 따로 모아 전시한 소위 '낙선전'이 1863년 살롱에서 열렸고, 관심과 논쟁의 중심은 나체의 여인이 정장차림의 두 남성과 함께 한적한 숲속에서 담소를 나누며 피크닉을 즐기는 풍경을 묘사하여 음란하다는 비난을 받은 에두아르 마네Edouard Manet의 〈풀밭 위의 점심식사Luncheon on the Grass〉와 센 강변에 누워있는 아가씨들의 표정이 정숙하지 못하다며 논란이 되었던 귀스타브 쿠르베Gustave Courbet의 〈센 강변의 아가씨들Young Ladies on the Banks of the Seine〉이었다. 모네는 이를 보고 찬사를 보내며 자신도 이와 유사한 주제에 도전하기로 마음먹기도 했다. 일생동안, 모네는 선배 예술가들이 중요하게 생각한 주제에 한 걸음 더 나아가는 도전을 했다.

말할 것도 없이, 1867년 〈정원의 여인들〉은 살롱에서 퇴짜를 맞았다. 모네의 친구들인 르누아르, 피사로, 바지유, 시슬레, 폴 세잔Paul Cézanne의 작품들도 모두 거절당했다. 하지만 독립 전시회를 조직하자는 말은 아직 나오지 않았다. 이때, 비교적 부유했던 친구 바지유가 모네의 경제적 어려움을 알고 그에게서 〈정원의 여인들〉을 사 주었다.

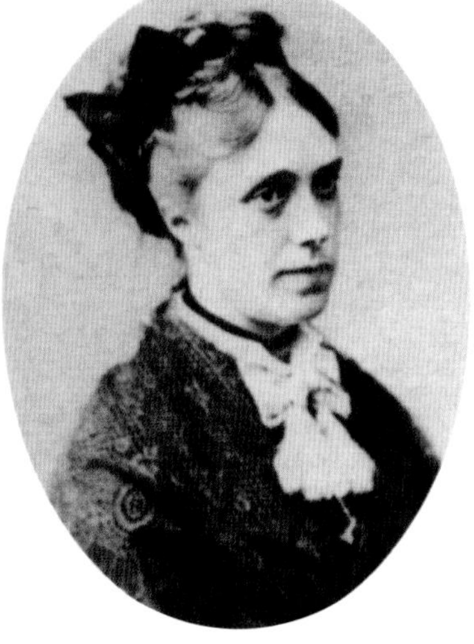

카미유 모네 *Camille Monet*, 1871

사진작가: 알버트 그라이너

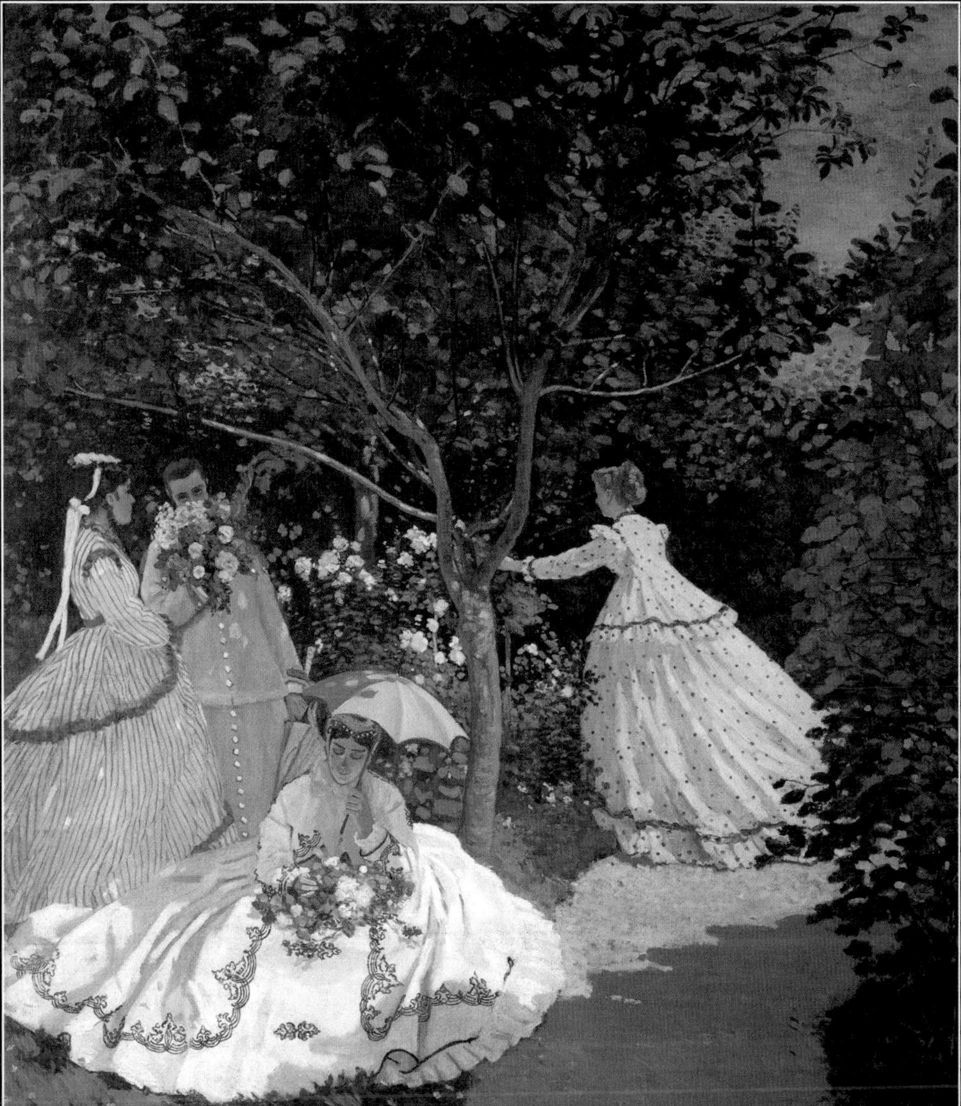

정원의 여인들

Women in a Garden

클로드 모네, 1866

캔버스에 유화
255 × 205 cm(100⅜ × 80¾ in)
오르세 미술관, 파리

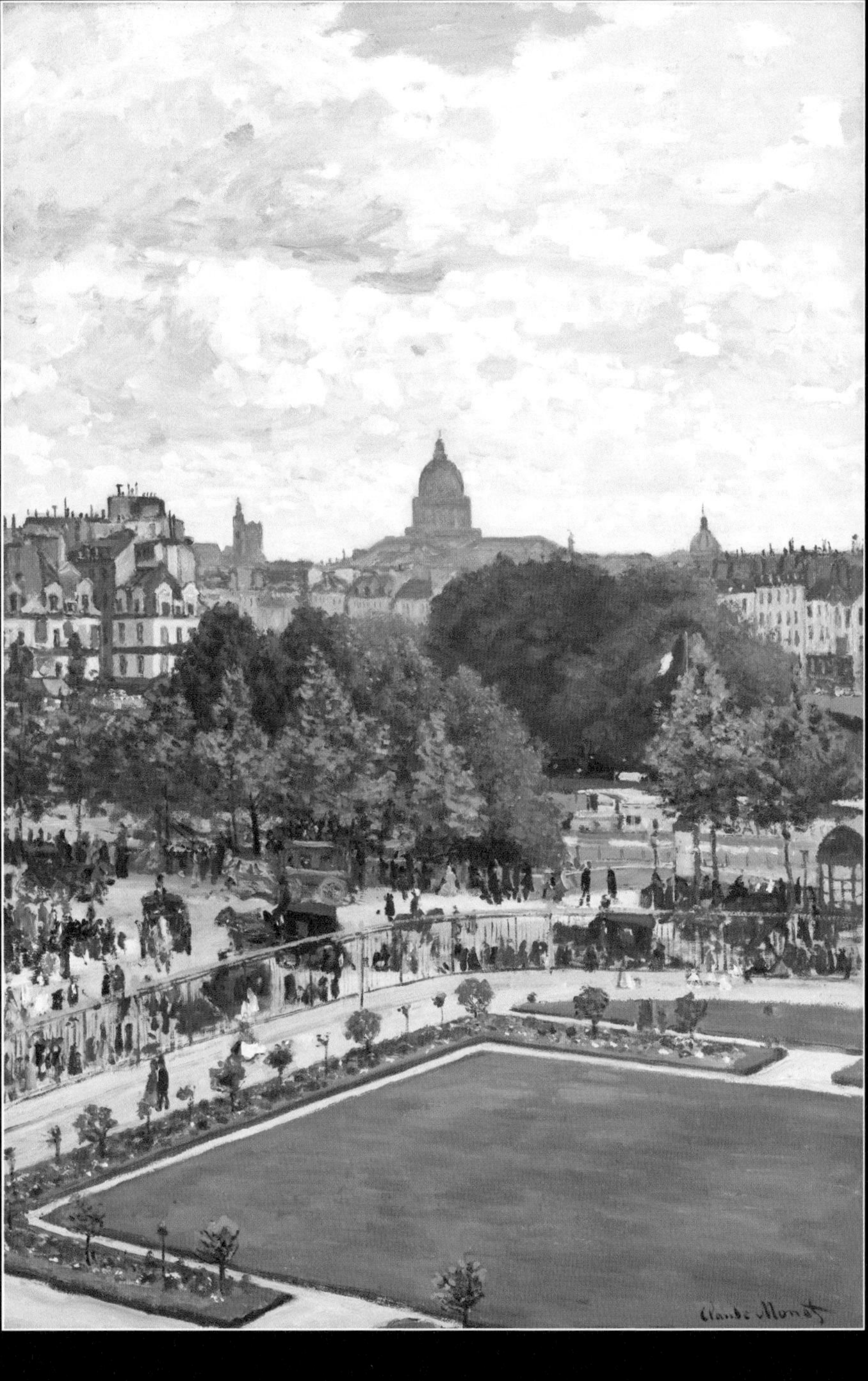

루브르의 공주의 정원

The Garden of the Princess, Louvre

클로드 모네, 1867

캔버스에 유화
91.8 × 61.9 cm(36⅛ × 24⅜ in)
앨런 메모리얼 미술관, 오하이오 오벌린 대학
R.T. Miller, Jr. Fund

현대 생활을 그리다

에밀 졸라Émile Zola는 성공한 사실주의 작가이자 진보적 성향의 영향력 있는 비평가였다. 그는 모네야말로 '거세된 남자들에 둘러싸인 남자'라고 묘사하며 기성의 대가들을 비판하고 모네의 작품에 갈채를 보냈다. 또한 모네를 비롯한 신진 인상파 청년화가들이 현대사회를 그리는 데 더욱 집중하도록 격려했다.

1800년대 중반부터, 도시개발로 인해 파리의 비좁은 구식 도로는 넓은 가로수 길과 열린 공간으로 탈바꿈되고 있었다. 모네와 르누아르는 새로운 도시경관에서 영감을 받았고, 위에서 내려다본 도시의 모습을 담은 작품들을 함께 작업했다. 〈루브르의 공주의 정원The Garden of the Princess, Louvre〉이 그러한 그림들 중 하나인데, 이 새로운 도시환경을 당시의 새로운 발명품인 카메라 렌즈를 통해 바라본 것처럼 담아냈다. 이제 모네는 전통적인 시점 대신, 우연한 광경과 예기치 않은 각도가 매력적인 사진술을 활용함으로써 이전 회화에서는 볼 수 없던 것을 보여줄 수 있었는데, 새로운 낯선 각도에서 대상을 조망한 것과 대상의 가장자리가 그림 밖으로 잘려나간 구도 등이 그렇다. 또한, 지나다니는 사람들을 작고 뿌연 검은색 점으로 표현한 것이 마치 딱정벌레들 같다. 이 새로운 메트로폴리탄 정글에 사는 익명의 작은 생물들. 당시의 사람들은 이런 그림들이 얼마나 대담하고 색다른 것인지 잘 이해하지 못했다. 부댕은 '모네의 작품의 대담성'이 매우 놀라웠다고 했다. 이 그림들은 주제와 스타일 모든 면에서 새로운 시대에 대한 신선한 반응을 보여주고 있었다.

그러나 이렇게 다양한 스타일의 수많은 그림들을 열심히 그려냈음에도 불구하고, 모네는 충분한 매출을 올리지 못했다. 그가 이 시기에 친구에게 보낸 절망적인 편지들을 보면, 돈을 더 빌려달라고 간곡히 부탁하는 내용들이 담겨있다. 알고 보니 문제는 단순히 빚이 쌓여서가 아니라, 먹여 살려야 할 입이 둘은 더 있었기에 돈이 급하게 필요했던 것이다. 카미유가 임신을 했기 때문이다! 모네는 아버지와 고모에게 이 사실을 털어놓았지만, 그들은 그에게 카미유와의 관계를 정리해야만 돈을 지원해주겠다고 단호하게 말했다. 아버지 클로드 아돌프 본인도 남몰래 사생아가 있었으면서 말이다. 모네는 어쩔 수 없이 이중생활을 해야 했다. 그는 아버지 말에 순응하는 척하며 르 아브르에 있는 가족과 함께 지냈고, 간혹 카미유를 보러 파리를 오갔다.

불쌍한 모네!

힘든 시기였다. 계획에 없던 아이가 생기자 모네는 빚을 져야 했다. 그는 이 심각한 상황을 구구절절 설명하는 편지들을 친구들에게 쏟아내며 도움을 호소했다. 특히 부유한 친구 프레데리크 바지유는 이 궁지에 몰린 젊은 가족을 위해 종종 자금을 내놓곤 했다.

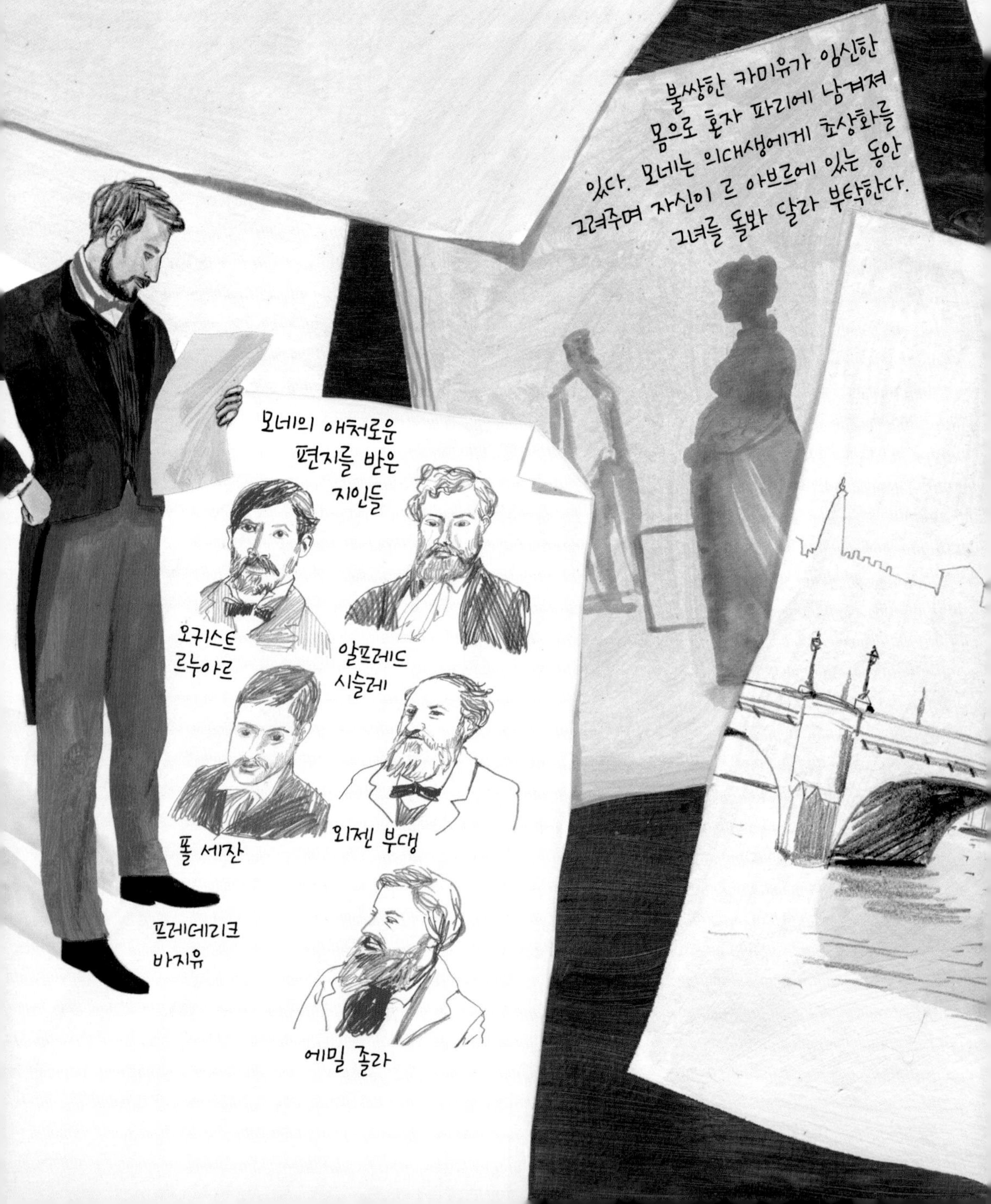

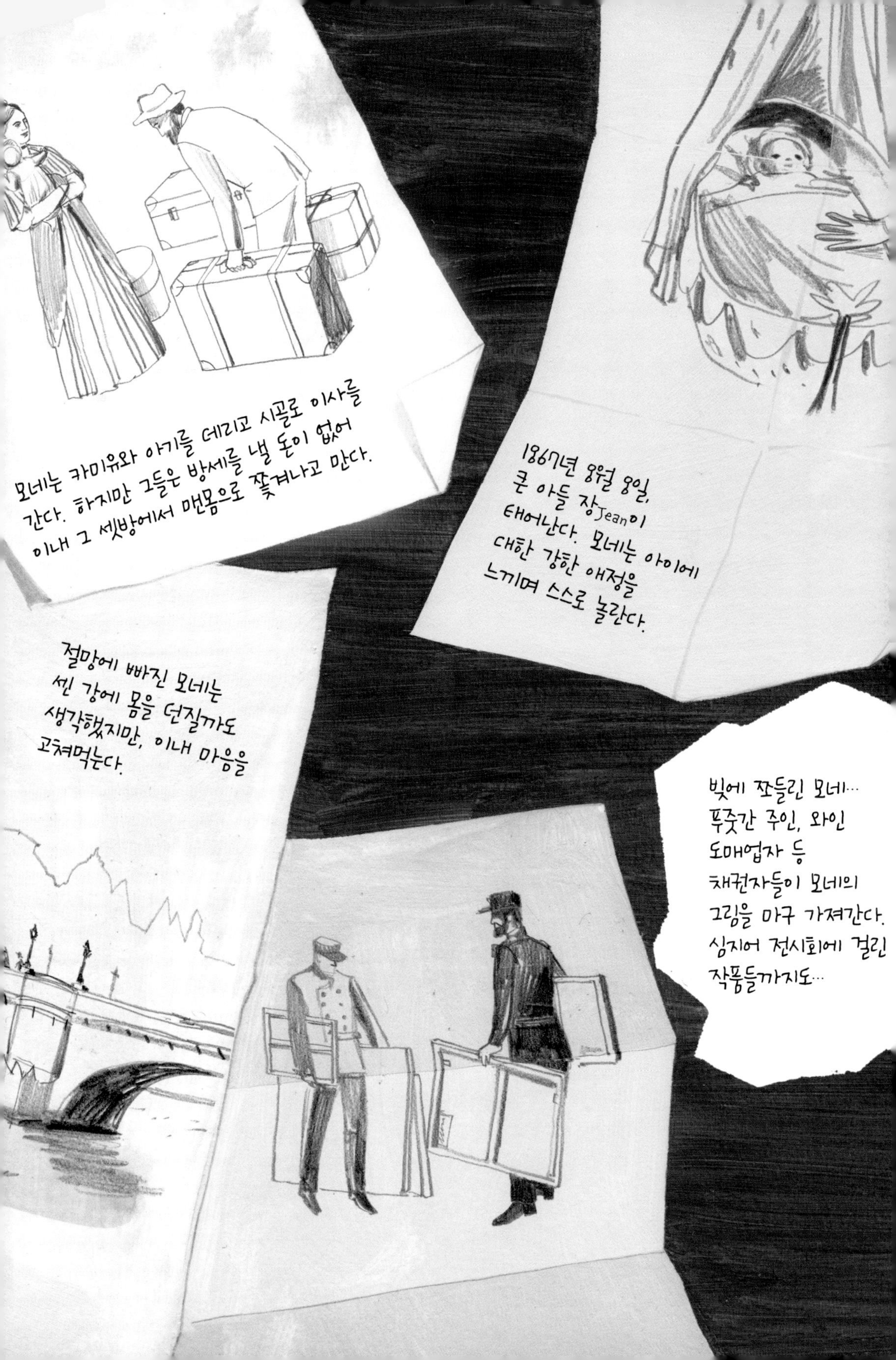
모네는 카미유와 아기를 데리고 시골로 이사를 간다. 하지만 그들은 방세를 낼 돈이 없어 이내 그 셋방에서 맨몸으로 쫓겨나고 만다.
1867년 8월 8일, 큰 아들 장Jean이 태어난다. 모네는 아이에 대한 강한 애정을 느끼며 스스로 놀란다.
절망에 빠진 모네는 센 강에 몸을 던질까도 생각했지만, 이내 마음을 고쳐먹는다.
빚에 쪼들린 모네… 푸줏간 주인, 와인 도매업자 등 채권자들이 모네의 그림을 마구 가져간다. 심지어 전시회에 걸린 작품들까지도…

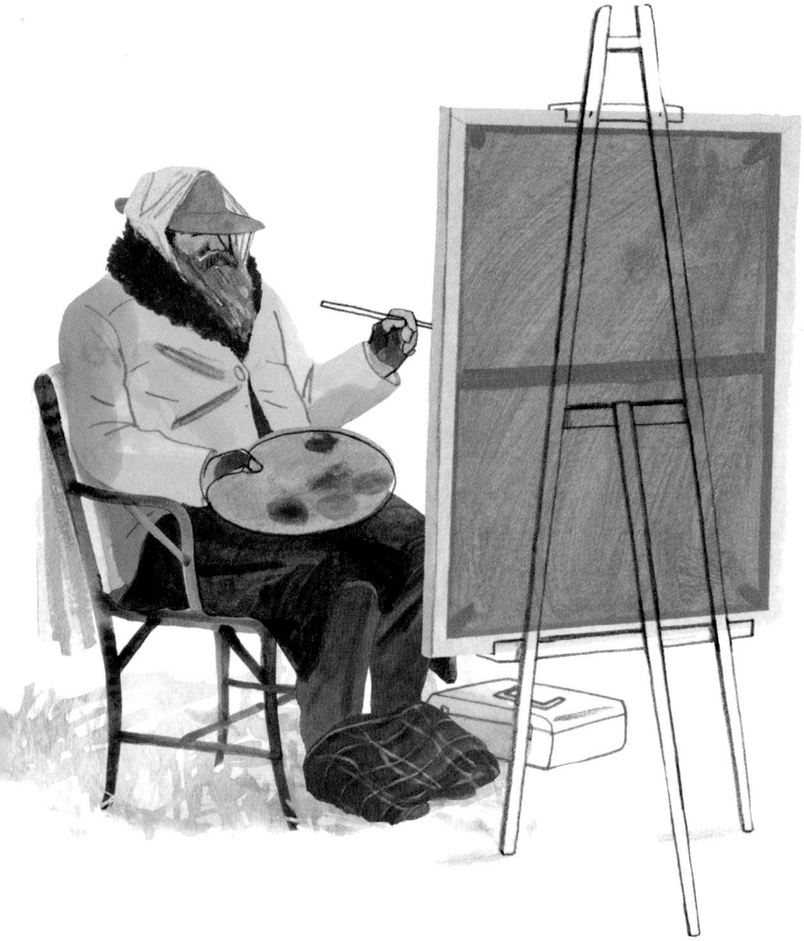

야외에서

결국 모네는 아내와 아들을 데리고 파리 외곽에 있는 시골로 이사를 했다. 생활비를 좀 더 낮추기 위해서였다. 이렇게 어려운 상황 속에서도 그는 쉬지 않고 그림을 그렸다. 그리고 싶은 강렬한 욕구가 느껴지는 풍경을 보면 붓을 들지 않을 수가 없었다. 그림을 더 많이 그릴수록 돈이 더 많이 들어왔고, 그렇게 빚을 갚을 수 있게 되었다.

모네는 주로 야외에서 작업을 했는데, 이는 당시에 매우 드문 일이었다. 유명한 일화로, "당신의 작업실은 어디에 있나요?"하고 누가 물으면, 모네는 손을 들어 주위의 들판을 가리키며 "저게 내 작업실이요!"라고 대답했다. 그는 '자연으로부터 직접' 그리는 것을 대단히 중요하게 생각했고, 재빠른 붓질로 더 많은 자연을 작품에 담아내길 원했다. 그림을 보고 있으면 마치 그곳에 서서 현장을 보고 있는 것처럼 느껴지게 하고 싶었다.

하지만, 몇 가지 실질적인 어려움이 있었다. 먼저, 풍경이 바로 눈 앞에 펼쳐진 것처럼 보이도록 그리기 위해서 모네는 빛과 날씨를 꼼꼼히 기록해야 했다. 그러나 순간순간 끊임없이 변하는 빛과 날씨 때문에, 이전 화가들이 작업실에서 그리듯이 조심스럽고 세밀하게 묘사할 시간이 없었고 따라서 훨씬 더 크고 대담한 붓질로 빠르게 칠해나가야 했다. 하지만 모네가 아무리 빨리 그린다 하더라도, 빛이나 날씨가 바뀌기 전에 모든 것을 포착하여 그리기란 불가능했다. 그래서 그는 똑같은 상태를 다시 포착하기를 바라며 현장에 돌아올 수밖에 없었다. 그러나 이것도 늘 가능한 것은 아니었기 때문에 항상 야외에서 그려야한다는 그의 주장과는 달리, 작업실에서 그림을 완성해야하는 경우가 더러 생겼다. 또 다른 어려움은 야외에서 그리는 것 자체였는데, 대부분 악천후 때문이었다. 이젤과 캔버스를 들고 다니는 것도 힘든데, 모네 자신 또한 비바람을 막아야 했다. 겨울에는 코트를 세 벌씩 껴입고 장갑은 물론, 발을 녹일 뜨거운 물병까지 챙겼다. 그랬음에도, 당시의 기록에는 그가 수염에 기다란 고드름을 매단 채 작업하고 있는 것을 보았다고 전해진다. 그는 이렇게 야외 작업에 전념하고 있었다.

튜브 물감의 등장

예전보다 훨씬 쉽게 야외에서 그림을 그릴 수 있게 된 데에는 중요한 발명품이 있었다. 모네가 태어난 다음 해인 1841년에 유성 물감이 담긴 금속 튜브가 발명되면서 회화에 혁명을 일으켰다. 이전에는 대부분의 예술가들이 안료와 광물을 갈아서 만든 건조 분말을 기름과 혼합하여 물감을 만들어 썼다. 그렇게 만든 유성 물감을 돼지의 방광이나 유리 용기에 담아 보관하였으니, 들고 다니기도 어려웠고 농도 면에서도 물감을 얇게 바르는 것이 선호되었다. 하지만 이제 휴대성이 뛰어난 이 새로운 튜브 물감 덕분에, 인상주의 화가들이 야외에서 그림을 그리는 것이 가능해졌다. 게다가, 이 물감은 팔레트 위에 짜서 쓸 수 있었고, 끝이 네모난 붓까지 발명되면서 두껍고 풍부한 붓질로 빠르게 색을 칠해낼 수 있었다. 또한, 이 새로운 물감에 등장한 새로운 밝은 색상들이 모네를 비롯한 인상주의 화가들의 밝은 배경과 만나면서 그들의 그림은 밝게 빛나는 색채 표현을 얻게 되었다. 이는 어두운 바탕에 더 칙칙한 색으로 칠했던 이전 예술가들의 작품과는 완전히 달랐다.

튜브 물감이 없었다면,
인상주의도 없었을 것이다.
-피에르 오귀스트 르누아르

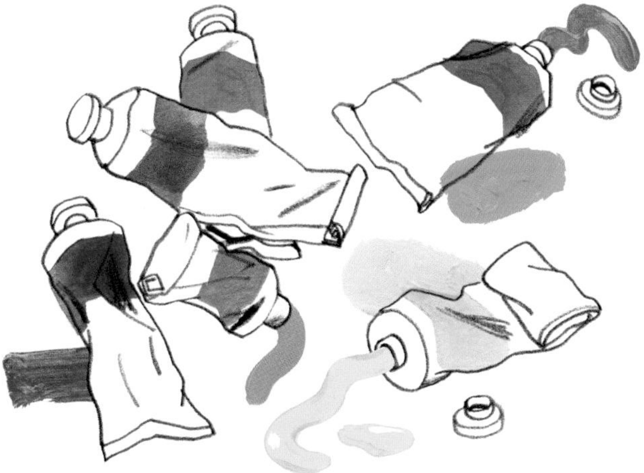

1869년, 라 그르누예르의 수영객들

모네는 친구 르누아르가 야외 그림 작업에 관심을 보이자 그를 데리고 그르누예르Grenouillère로 갔다. 이곳은 파리에서 12km정도 떨어진 새로 생긴 인기 휴양지로, 파리와 근교 변두리를 연결하는 철도가 새로 생기면서 보다 쉽게 다닐 수 있게 되었다. 모네와 르누아르는 이곳의 야외에서 그림 작업을 함께 했고, 같은 장소에서 하나가 되어 현대 생활을 화폭에 담아냈다.

모네는 다양한 시점을 탐구하며 그르누예르의 여러 이미지를 그렸다. 그는 그 소재에 (그리고 아마도 르누아르와 함께 나란히 앉아 그림을 그린다는 것에) 고무되어, 가장 자신감 넘치고 독창적인 그림들을 그려냈다. 〈라 그르누예르의 수영객들Bathers at La Grenouillère〉은 여가를 보내는 사람들의 즐거움을 생생하게 묘사한다. 물속에 몸을 담그고 있는 사람들, 보트를 타러 가거나 산책을 하는 사람들, 그림 바로 바깥쪽 둑을 따라 자리한 카페로 향하는 사람들… 울창한 나무의 잎들이 햇빛의 통과를 줄이면서 생긴 희부연 명암과 얼룩덜룩한 빛의 효과. 거기에 군데군데 강렬한 색채도 보인다. 핑크와 레드 드레스를 입은 여인, 파릇파릇한 초록빛 덤불, 수면 위에 반사된 하늘을 나타내는 블루와 화이트의 얼룩들. 여기서 특히 모네의 독창적이고 다양한 붓놀림이 가장 분명하게 드러난 부분이 바로 물속이다. 그는 물의 모습뿐만 아니라 물의 느낌까지 정확하게 묘사하고 있다. 또한, 저 멀리 수영하는 사람들을 방울방울 찍는 붓질로 나타낸 반면, 보트에 모양과 형태를 부여하기 위해서 더 길고 구조화된 붓질을 사용한다. 독특한 붓질은 있지만, 그린 것이 없다. 선과 색이 하나가 되었을 뿐이다. 모네는 1870년에 그르누예르에서 그린 작품들 중 몇 점을 살롱에 출품했다. 그리고 또 다시 거절당했다.

프로이센-프랑스 전쟁

1870년 6월, 마침내 클로드 모네와 카미유 동시외는 장이 태어난 지 3년 만에 결혼식을 올렸다. 가까운 가족도 참석하지 않은 작은 결혼식이었다. 프랑스와 프로이센 간의 적대감이 감도는 위험 속에서 군 소집을 피하기 위해서였다. 기혼자는 적어도 첫 번째 동원대상에서 제외된다는 사실을 알고서, 가족의 반대로 미뤄왔던 결혼식을 올리게 된 것이다. 통일 독일을 꿈꾸던 프로이센의 세력이 강해질 것을 우려한 프랑스가 간섭에 나섰고 이에 양국의 관계가 악화되어 결국 1870년 7월 19일에 프랑스는 프로이센에 전쟁을 선포했다. 하지만 프랑스의 예상과 달리 프로이센군은 훨씬 우세했고, 전쟁은 1년이 채 안 되어 프로이센의 승리로 끝이 났다. 이때 대략 15만 명의 프랑스 군인이 죽거나 다쳤고, 파리는 프로이센군에 포위되어 1871년 1월에 항복할 수밖에 없었다. 평화가 선언되고 프로이센군이 떠난 직후, 파리코뮌Paris Commune으로 알려진 사회주의자들은 새 프랑스 공화국에 반발하며 저항했다. 이 저항은 정부군에 의해 무자비하게 진압되었고, 그 와중에 1만여 명의 파리시민이 목숨을 잃었다.

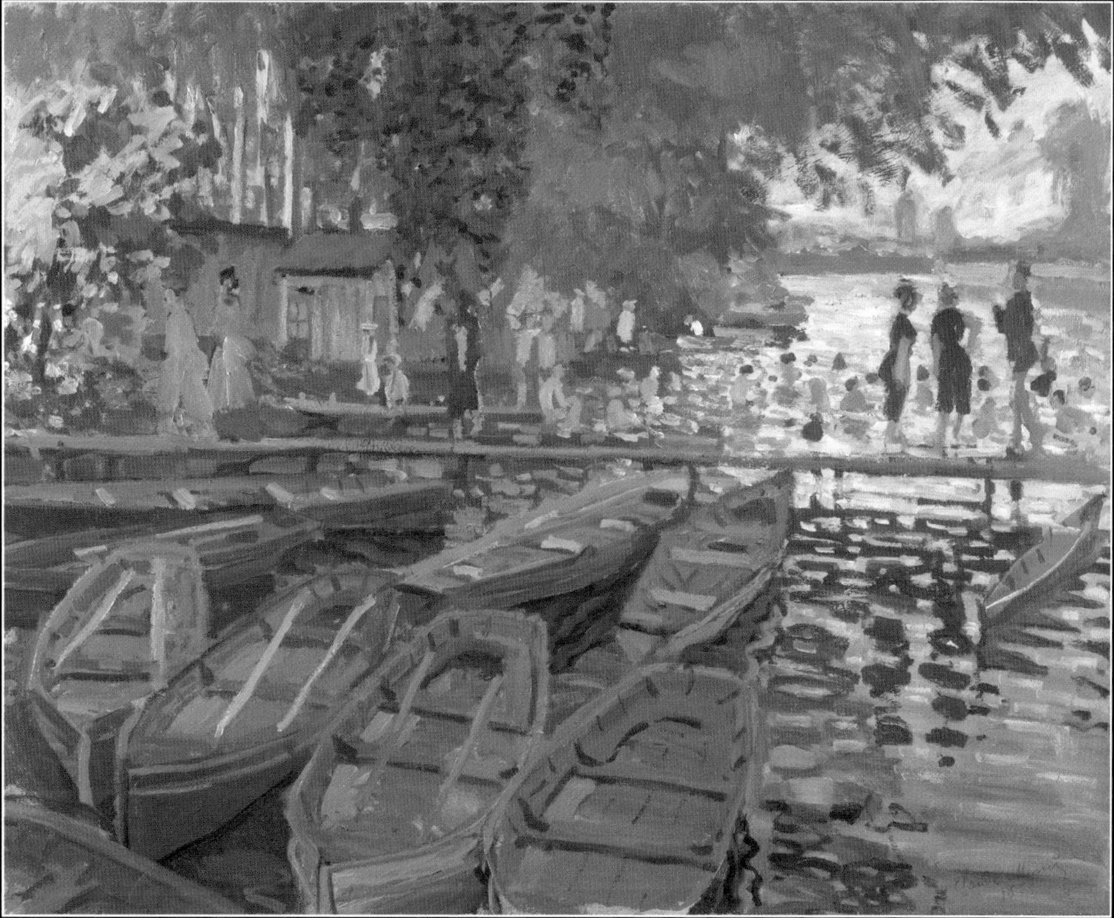

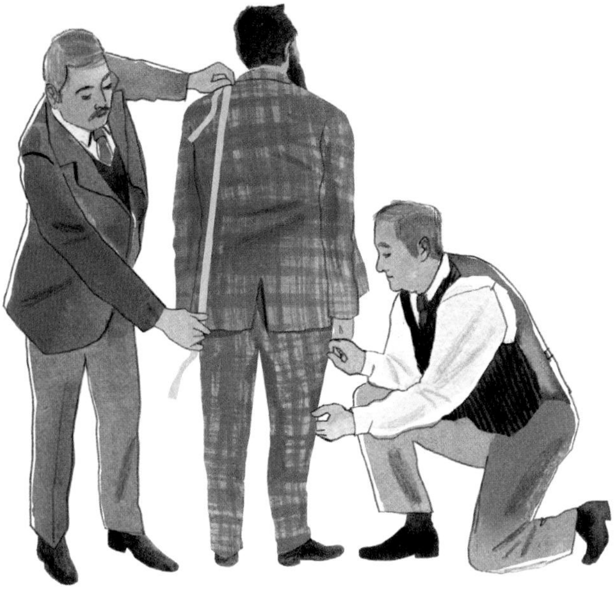

영국

이 격변의 사건들이 일어나는 동안, 파리의 예술 사회는 여러 반응을 보였다. 바지유는 전쟁이 발발하자 1870년 8월에 군에 자원입대했다가 11월, 전쟁터에서 생을 마감하였다. 쿠르베는 파리 코뮌을 지지하고 나폴레옹 1세의 승리의 상징인 방돔 석주Vendome Column를 부쉈다는 이유로 감옥에 갇히게 되었다. 그러나 모네와 다수의 예술가들은 좀 더 실용주의 노선을 취했다. 비겁해 보일 수도 있지만, 전쟁이 선포된 직후 모네와 그의 가족은 보트를 타고 해협을 가로질러 안전한 영국으로 향했다.

런던에서 모네는 가족과 지낼 셋방을 구했고 곧바로 그림을 그리기 시작했다. 예상한 대로, 그가 가장 좋아하는 소재는 공원과 템스 강이었다. 또한 그는 영국의 것, 그중에서도 특히 트위드와 차를 평생 매우 좋아했다.

모네는 같은 이유로 런던에 와있던 피사로Pissarro와 만나 함께 내셔널 갤러리National Gallery를 방문했고, 특히 존 컨스터블John Constable의 풍경화와 조지프 말로드 윌리엄 터너J.M.W. Turner의 바다 풍경화에 각별한 관심을 가졌다. 그들의 그림이 모네와 이후 인상파 화가들에게 큰 영향을 미쳤다는 것은 이미 알려진 바이다. 그러나 영국 예술가들의 작품은 풍경화에 있어서 자연, 색채 그리고 빛에 대한 세심한 관찰이 바탕이 되어야 함을 확인시켜준 것이었을 가능성이 더 크다. 모네와 피사로는 런던의 권위 있는 로얄 아카데미Royal Academy에서 해마다 여름이면 열리는 전시회에 출품을 했지만, 살롱에서와 마찬가지로 거부당했다. 그러나 이들은 프랑스에서 건너온 미술상 폴 뒤랑뤼엘Paul Durand-Ruel의 상업 갤러리에서 열리는 다른 런던 전시회에 출품하게 되었고, 이는 앞으로 번영하게 될 긴 관계의 시작이었다.

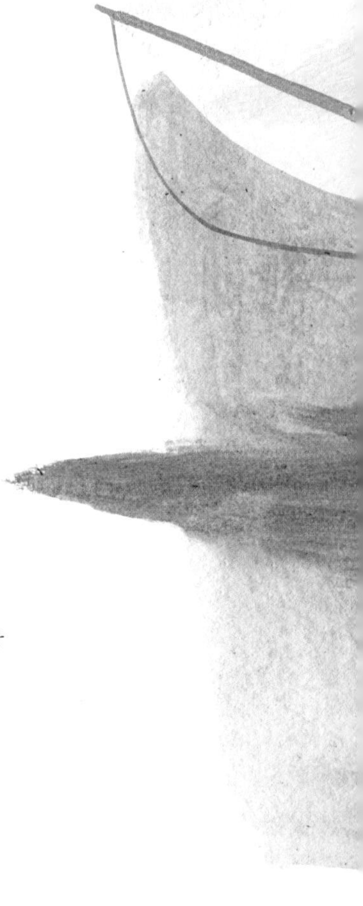

네덜란드

전쟁이 끝난 직후, 프랑스로 돌아가려던 모네는 네덜란드에 꼭 가봐야 한다는 영국의 예술가 친구들의 말에 네덜란드 여행을 결심했다. 이 때문에 여러 번의 긴 보트 여행을 하는 동안, 불쌍한 카미유는 뱃멀미를 겪었다. 그들은 1871년 6월에 네덜란드에 도착하여 3개월 동안 머물렀는데, 그 기간 동안 모네는 불타오르는 열정을 하얗게 태우기라도 하듯 작업에 몰두했다. 그는 잔담Zaandam의 북쪽에 머물면서 마치 물 만난 고기처럼 수로, 보트, 풍차들을 정신없이 그려댔다.

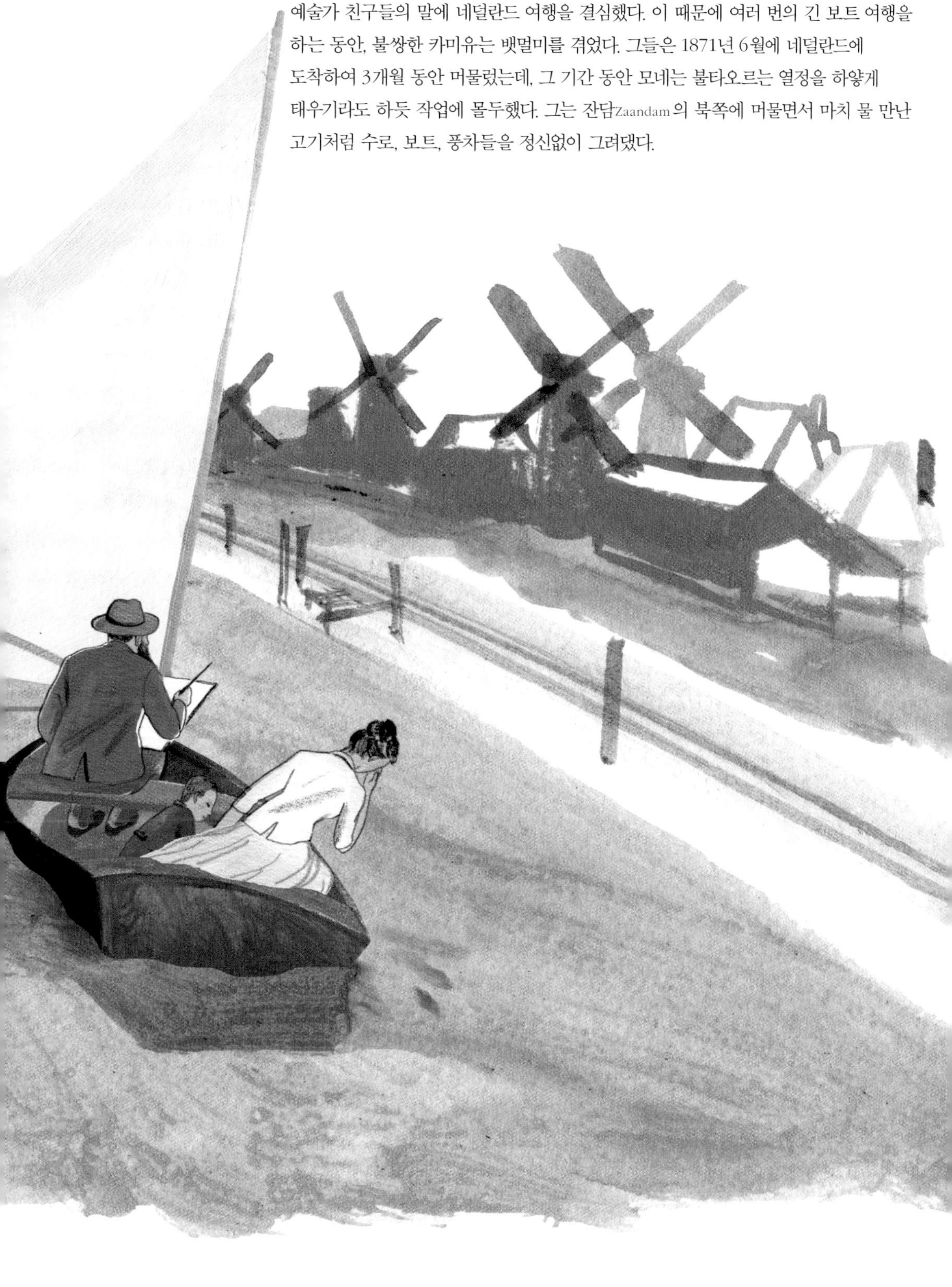

아르장퇴유에서의 즐거움

1871년 가을, 모네는 가족과 함께 파리로 돌아왔다. 생라자르 역Gare Saint-Lazare 근처에 거주할 곳을 마련했고, 옛 친구들과의 만남도 가졌다. 모네가 영국으로 도피를 했던 것에 대해 부정적으로 보는 시선은 없었던 것 같다. 아마도 많은 사람들이 같은 길을 택했거나, 전쟁을 찬성하는 사람들이 별로 없었기 때문일 것이다. 하지만 전쟁 이후의 어려움으로 파리에서 사는 것이 예전과 같지 않자, 모네는 마네의 조언을 받아들여 1871년 12월 아르장퇴유Argenteuil로 거취를 옮기기로 했다.

아르장퇴유는 센 강과 붙어있는 작은 시골마을이었는데, 파리에서 12.5km밖에 떨어져있지 않은 데다 생라자르 역에서 기차로 연결되어있어 편하게 왕래할 수 있는 곳이었다. 그곳은 센 강이 이어지는 물줄기 주변으로 아름다운 풍경이 펼쳐지는 곳으로 삶의 대부분을 강, 보트, 다리 등을 중심으로 생활하는 그림과도 같은 곳이었다. 모네는 보트를 한 대 사서 임시 선실을 갖춰놓고 이젤을 세웠다. 이제 날씨가 어떠하든 아르장퇴유 부근을 탐험하며 강에서 그림 작업을 하는 것이 가능해졌다. 그는 풍경에서 영감을 받아 엄청나게 많은 작품을 그렸고, 처음으로 정착된 가족생활을 즐겼다. 또한 이곳엔 그의 친구들 중 많은 이들이 살고 있었는데, 특히 르누아르와 마네가 그의 집에 자주 놀러와 모네와 그의 가족들의 그림을 그리곤 했다. 푸른 잔디 위에 치맛자락을 멋스럽게 펼치고 앉아있는 카미유, 닭 주변에서 놀고 있는 아들 장, 그리고 정원에서 한가로운 시간을 보내는 모네의 모습들을 화폭에 담았다. 모네 역시 카미유와 장의 모습을 그렸는데, 따사로운 느낌을 주는 화창한 하늘에 하얀 구름이 두둥실 떠있고 조화로움이 가득하다. 잔잔한 녹색 수풀 위에 흐드러지게 핀 선홍색의 양귀비꽃이 특히 밝고 대담하다. 모네는 아르장퇴유에서 더욱 안정된 시간을 보내며 다양한 붓놀림, 틀에 박히지 않은 작품, 그리고 대담한 색채 등 다양한 기법을 시도했고, 이 기법들에 대해 인근에 사는 친구들과 토론했음은 물론이다. 그리고 이것이 바로 인상주의의 밑거름이 되었다.

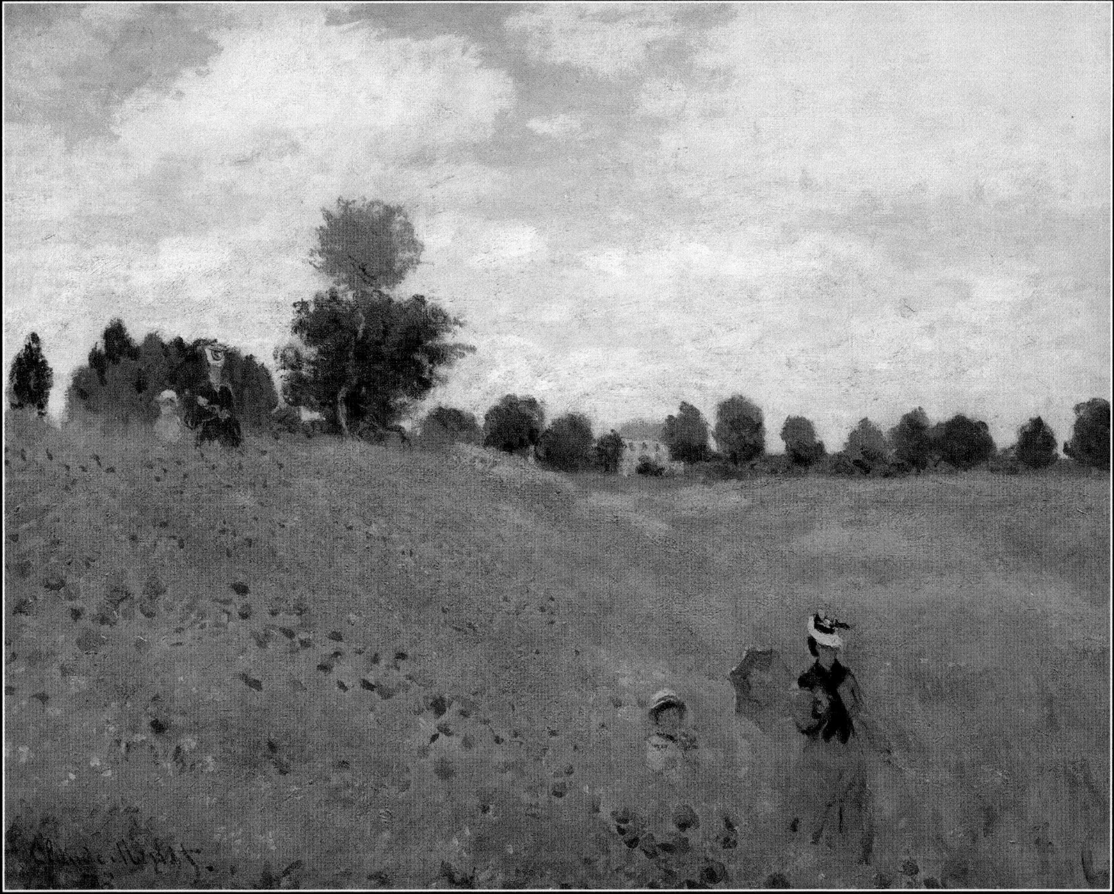

아르장퇴유의 양귀비 들판
Poppies near Argenteuil

클로드 모네, 1873

캔버스에 유화

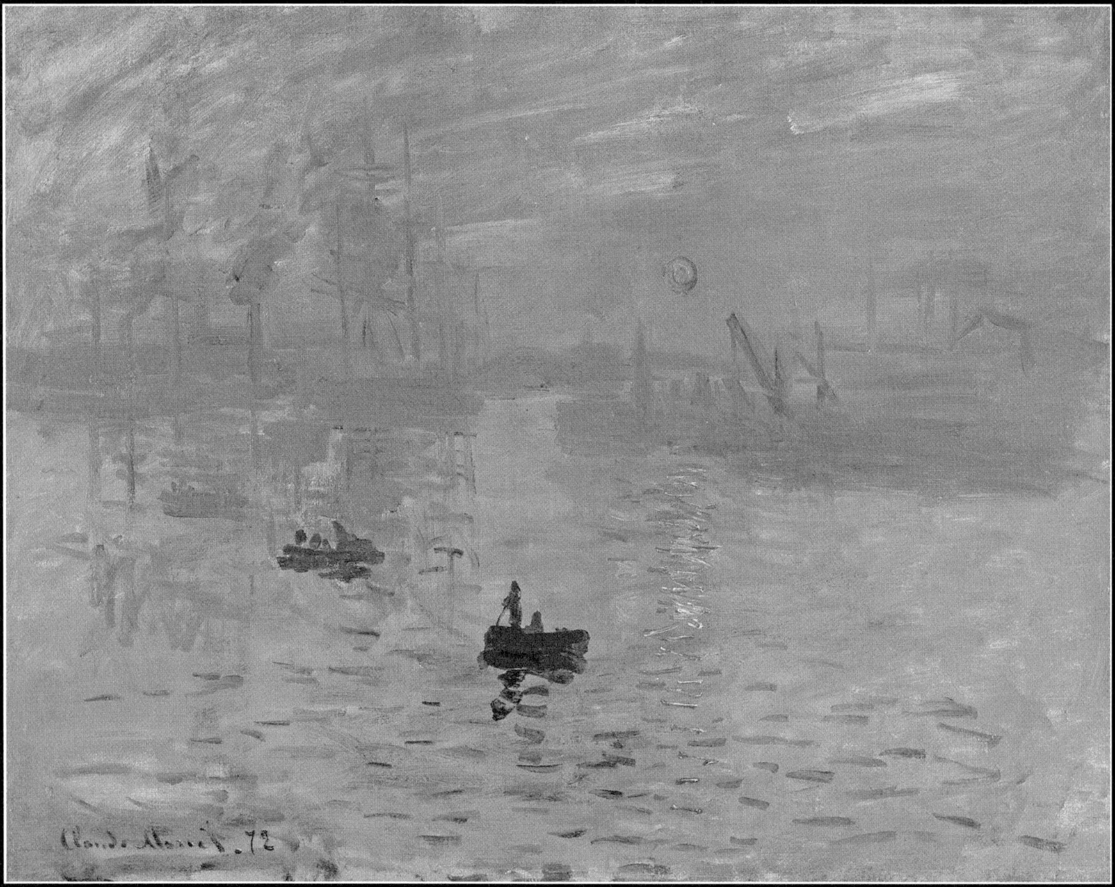

인상, 해돋이

Impression: Sunrise

클로드 모네, 1872

1874년, 첫 인상파 전시회

몇 년째 모네, 르누아르, 시슬레, 베르트 모리조Berthe Morisot, 에드가 드가Edgar Degas, 피사로 등의 예술가들은 살롱의 전시 관행에 분노하고 있었다. 살롱이 그들의 작품을 전시하고 판매할 수 있는 기회를 모조리 독점하여 그들을 옭죄고 있었기 때문이다. 결국, 그들은 예술가협동조합을 만들어 자신들의 작품을 직접 전시하기로 의견을 모았다. 조합의 회원은 30여 명 정도였고, 이상적이고 평등했다. 모든 작품에 동등하게 번호를 부여하고 알파벳 순서로 작품을 걸었으며 모든 수익금은 똑같이 나누기로 했다. 또한 특정 스타일에 대한 편견이나 치우침도 없었다. 조합의 첫 전시회는 1874년 4월 15일에 사진작가 나다르Nadar의 스튜디오에서 열렸다. 살롱 심사단의 선정 시스템에서 독립하여, 예술가들이 모여 자신의 작품을 상업적으로 전시한 것은 처음이었다. 예술가가 직접 전시하고 판매할 수 있다는 면에서 이것은 대단히 중요한 발전이었다. 비록 전시회가 한 달밖에 열리지 못했고 보러오는 사람이 얼마 없어 매출도 거의 없긴 했지만 말이다.

모네는 5점의 유화와 7점의 파스텔화를 전시했는데, 이는 작품의 다양성을 보여주기 위해서였다. 여기 출품된 작품들 중에는 이 전시회장에서 내려다본 파리의 거리를 그린 〈카푸친 대로urban street〉, 〈양귀비 들판a popy field〉, 실내를 배경으로 카미유와 장을 그린 〈점심식사The Luncheon〉, 재빠른 붓질로 바다 풍경을 표현한 그림으로 그가 마지막 순간에 이름붙인 〈인상, 해돋이Impression: Sunrise〉 등이 있다. 이 제목에서 '찰나의 느낌 앞에서 받은 즉흥적인 인상을 전달하기 위해 자연에서 직접' 작업하는 것을 강조하는 모네가 선호하는 작업방식이 드러난다. 이 작품은 르 아브르의 일출을 담은 그림으로 끝이 열린 붓질이 거칠고 대담한데, 캔버스를 완전히 칠하지 않는 것으로 밝은 하이라이트 부분을 만들어 냈다. 뒤편으로 현대식 공장에서 나오는 연기와 밝은 오렌지빛 태양이 있다. 비평가 루이 르로이Louis Leroy는 이 반항적인 집단을 조롱하기 위해 모네의 그림제목을 비꼬아 '인상주의자들의 전시회'라는 제목으로 경멸조의 사설을 실었다. 사람들에게 인상주의라는 이름은 받아들여졌고, 그들을 향한 조롱은 점차 수그러들었다. 하지만, 일부 관람객들은 인상주의 그림의 색채가 너무 밝다고 생각했다. 그들은 '깜짝 놀랄 정도로 반짝이는 빛'을 우려하며 그림을 보다가 눈병에 걸릴까봐 노심초사했다!

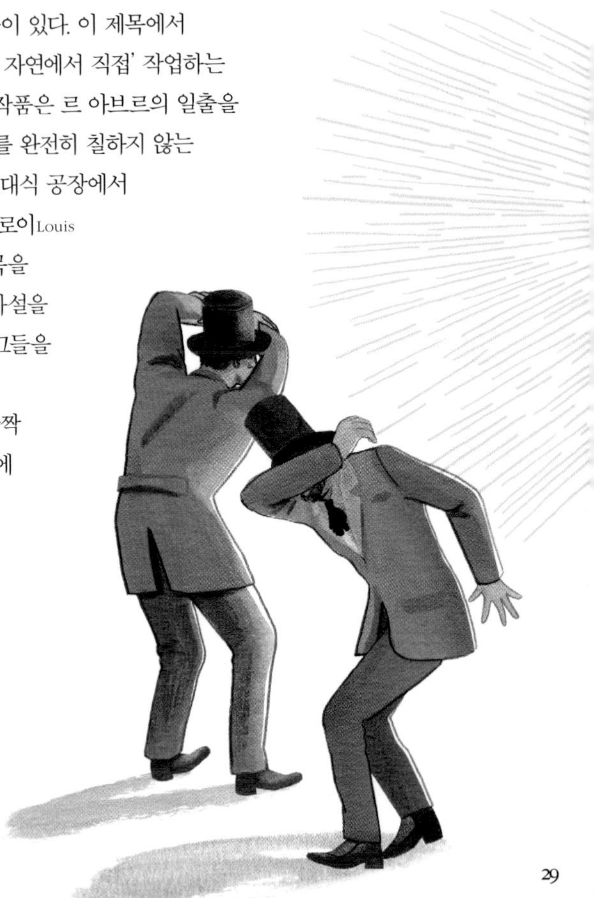

새로운 인상주의 기법에 대해서

대개 야외에서, 대상을 바로 앞에 두고 그린다.

옅은 바탕에 밝은 유성물감과 끝이
평편한 붓을 사용하여 그린다.

균일하게 조화로운 전체를 캔버스에 담는다.
이때, 중요한 것에 대한 전통적인 지배관념
가령, 흐릿한 풍경을 배경으로 중요인물을
두드러지게 그리는 방식 을 버려야 한다.

다양한 붓질과 밝은 채색을 선택하여 빛의
변화를 그대로 담아내고 자연의 '느낌'을
보여준다.

설령 꼼꼼한 계획을 세우고 그림을 마무리하느라
몇 주를 보내더라도 그림은 즉흥적으로 보이도록
만들어야 한다.

인상파를 이끄는 공식적인 리더는 없었지만, 비평가를 매료시킨 인상주의 기법과 의도를 설명할 때면 일반적으로 모네가 이 역할을 맡았고 해를 거듭할수록 점점 인상파의 아버지로 불리게 되었다. 실제로 그의 동료 대부분이 다른 화풍으로 옮겨간 후에도 오랫동안 그는 계속해서 인상주의 화법에 전념했다.

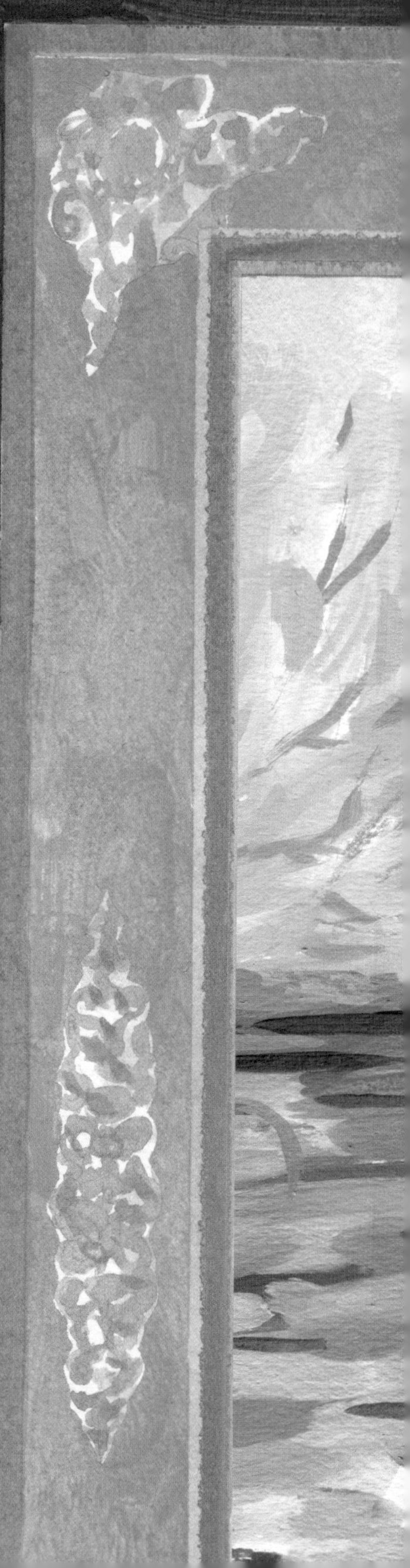

모네는 스튜디오 보트를 타고 아르장퇴유 인근의 강과 시골마을을 둘러보며
이색적인 전망을 찾아다녔다.

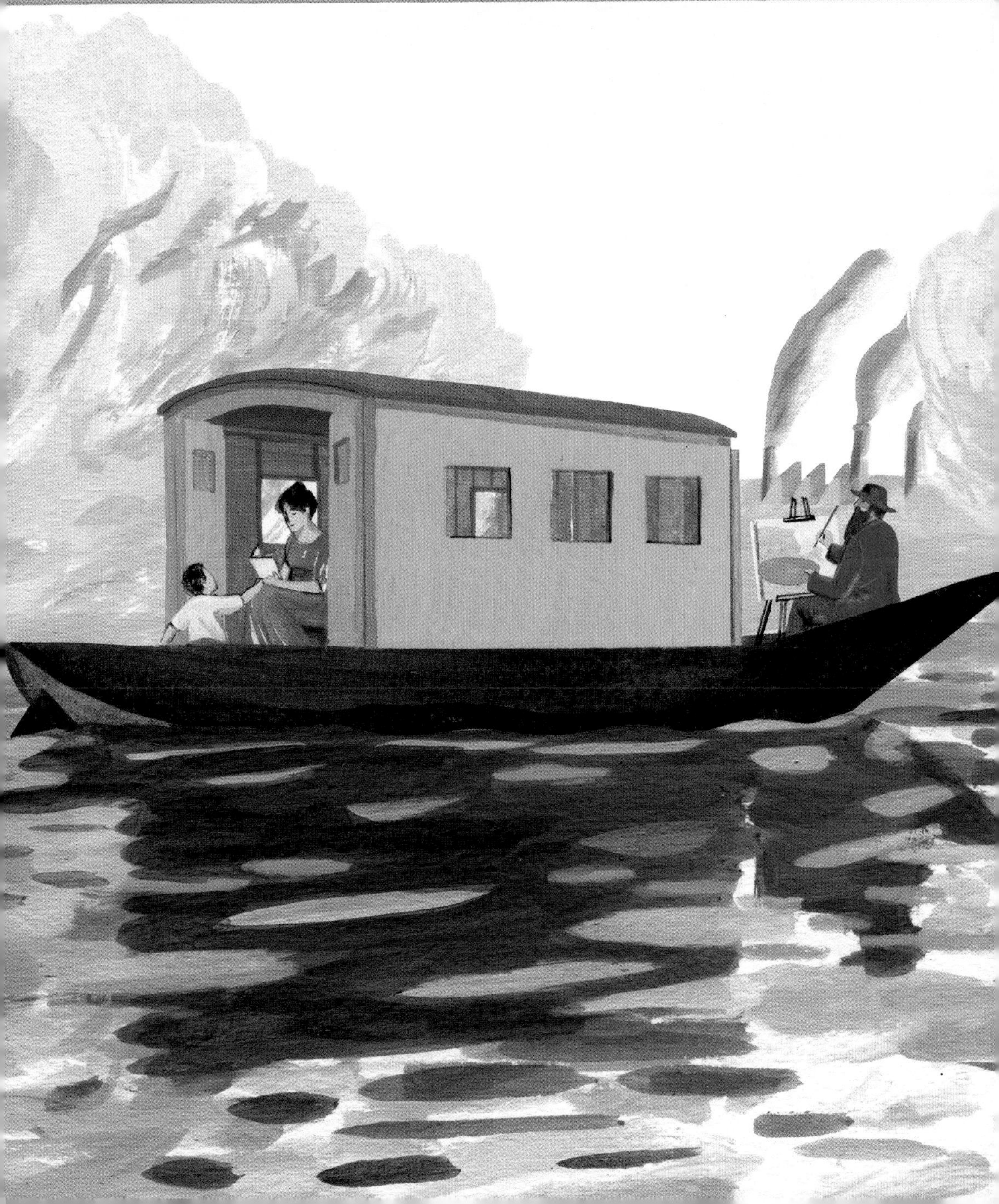

1877년, 생라자르 역

첫 번째 전시회가 성공을 거두지 못했음에도 불구하고, 예술가협동조합은 다시 함께 전시회를 열었다. 그리고 세 번째 전시회에서는 실제로 인상주의 타이틀을 택했고, 이제 그들은 어엿한 이름을 가진 예술가협회가 되었다. 모네는 확실한 현대식 소재인 생라자르 역 그림들을 전시하였고 단연 그의 작품들은 돋보였다. 이 기차역은 새로 현대화된 파리의 중심점이자 모네가 사는 교외와 연결된 철도였다. 이를 그린 모네의 그림은 최근에 발명된 증기기관차, 기차역, 신호등, 통근하는 사람들을 특색으로 한다. 평소와 달리, 끊임없이 움직이는 장면을 포착해야하는 어려움 때문에 모네는 여러 밑그림을 준비했다. 캔버스의 다양한 크기와 모양을 이용하여 12가지의 다른 시점을 그렸다. 빨간색과 푸른색의 섬광이 어두운 색의 구조물을 보완하고, 희부연 증기에 색과 빛이 퍼지면서 복잡한 모자이크를 만들어내어 몽환적인 분위기를 풍긴다. 순수한 검정색은 없다는 그의 말대로, 〈생라자르 역〉 연작에서는 열차와 교각을 검정색이 아닌, 다섯 가지 어두운 색을 혼합하여 칠했다.

늘 열정적인 협상가였던 모네는 당신의 역을 그리기로 했으니 어디든 들어갈 수 있게 해달라며 역장을 열심히 설득했다. 역장은 결단력 있게 그의 요청을 들어주었고, 심지어 '그 시간에 빛이 더 좋을 것'이라는 이유로 루앙Rouen행 기차를 늦추어 주기까지 했다. 모네는 결심한 일을 해내고야 마는 의지의 남자이자, 설득력까지 타고난 지도자였다!

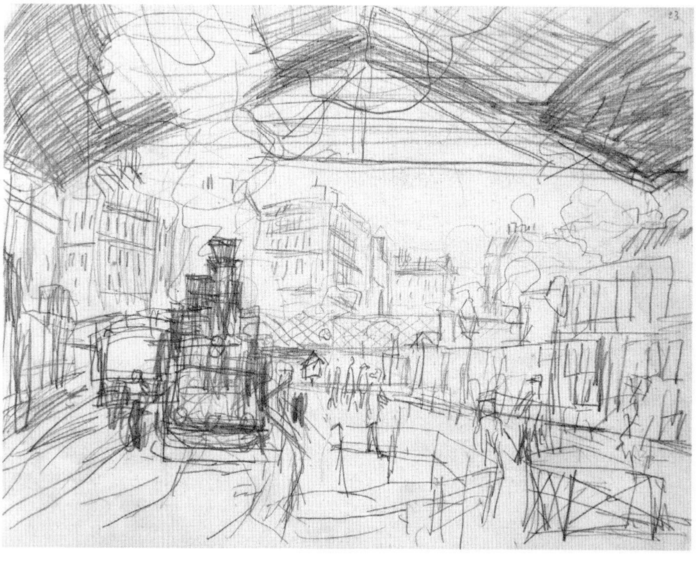

생라자르 역 내부 스케치

클로드 모네, 1877

종이에 연필
25.5 × 34 cm(10 × 13⅜ in)
마르모탕 모네 미술관, 파리

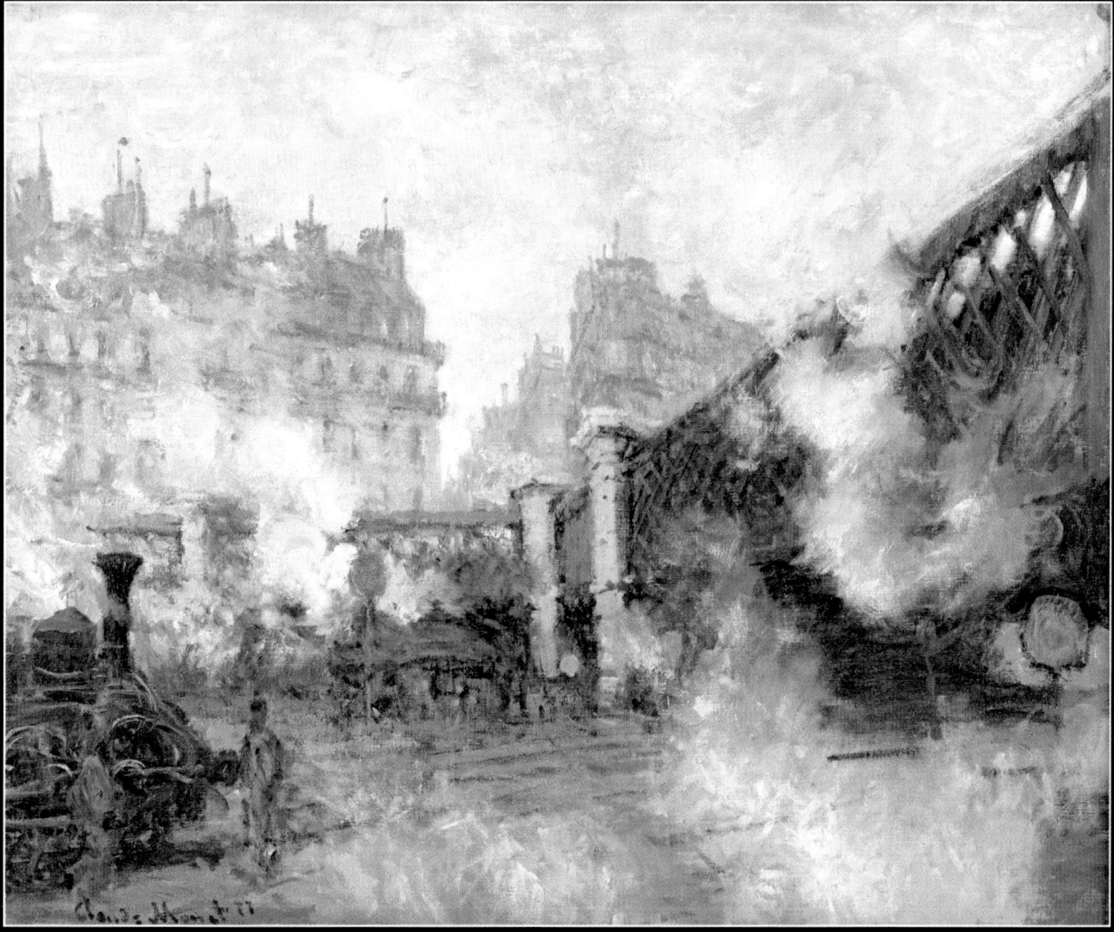

유럽의 다리, 생라자르 역

The Pont de l'Europe, Gare Saint-Lazare

클로드 모네, 1877

캔버스에 유화
64 × 81 cm(25¼ × 31⅞ in)
마르모탕 모네 미술관, 파리

프랑스 만세!

1878년 6월 30일은 프로이센-프랑스 전쟁이 끔찍한 패배로 끝난 후 프랑스 정부의 재건을 축하하는 의미에서 축제로 선언된 날이었고, 거리는 군중들의 프랑스 깃발로 뒤덮였다. 모네의 〈몽토르게이 거리Rue Montorgueil〉에서는 나부끼는 깃발의 파란색, 흰색, 빨간색 색채가 두드러진다. 이 그림은 그가 발코니에서 이 거리를 내려다본 시점으로 표현했는데, 밝은 색채와 역동적인 선이 두드러져 이 그림에 활기찬 축제 분위기를 선사한다. 거슬릴 정도로 비관습적이다. 강한 대조색을 사용하여 형태를 빚고, 밝은 배경색으로 명도를 높였다. 움직이는 인물이 사진에 포착된 것처럼 군중은 흐릿하게 표현되었다. 그리고 마치 이 새로운 국가 축제에 모네의 애국적 흥분을 나타내기라도 하듯, 휘날리는 깃발들은 역동적인 붓놀림으로 칠해졌다.

그러나 비평가들은 '올바른 관점'에서 그것을 보느라 애를 썼다. "가까이에서 그림을 보면 여러 색깔로 휘갈겨 낙서한 것처럼 칠해놓았다."며 이 그림을 미완성이라고 비하했다. 그럼에도 불구하고, 인상파는 그들의 작품을 계속해서 전시했다. 시간이 지날수록 비판적이던 반응들이 점점 호평이 되어갔다. 모네가 기대했던 만큼의 판매량은 아니었지만, 소수의 충성구매자들이 있으니 어느 정도 성공을 거둔 셈이었다. 그들 중엔 〈인상, 해돋이〉와 3점의 〈생라자르 역〉을 사들이는 대담함을 보인 열정적인 개인 수집가 에르네스트 호슈데Ernest Hoschedé와 미술상 뒤랑뤼엘이 있었다.

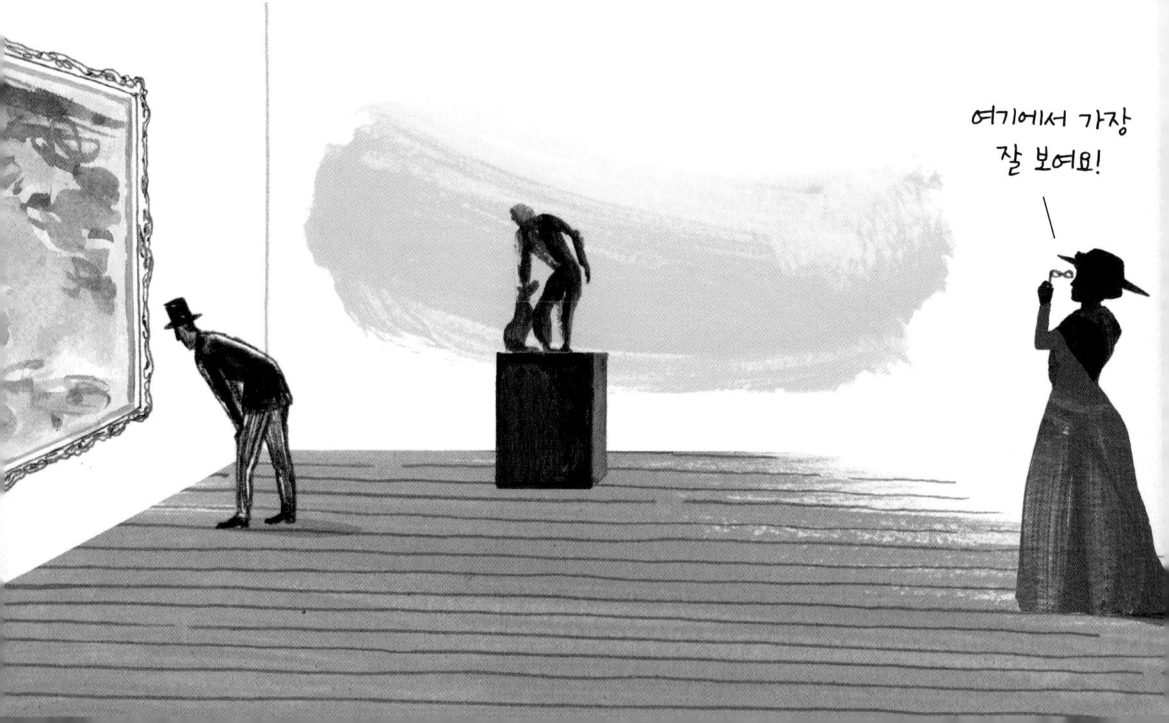

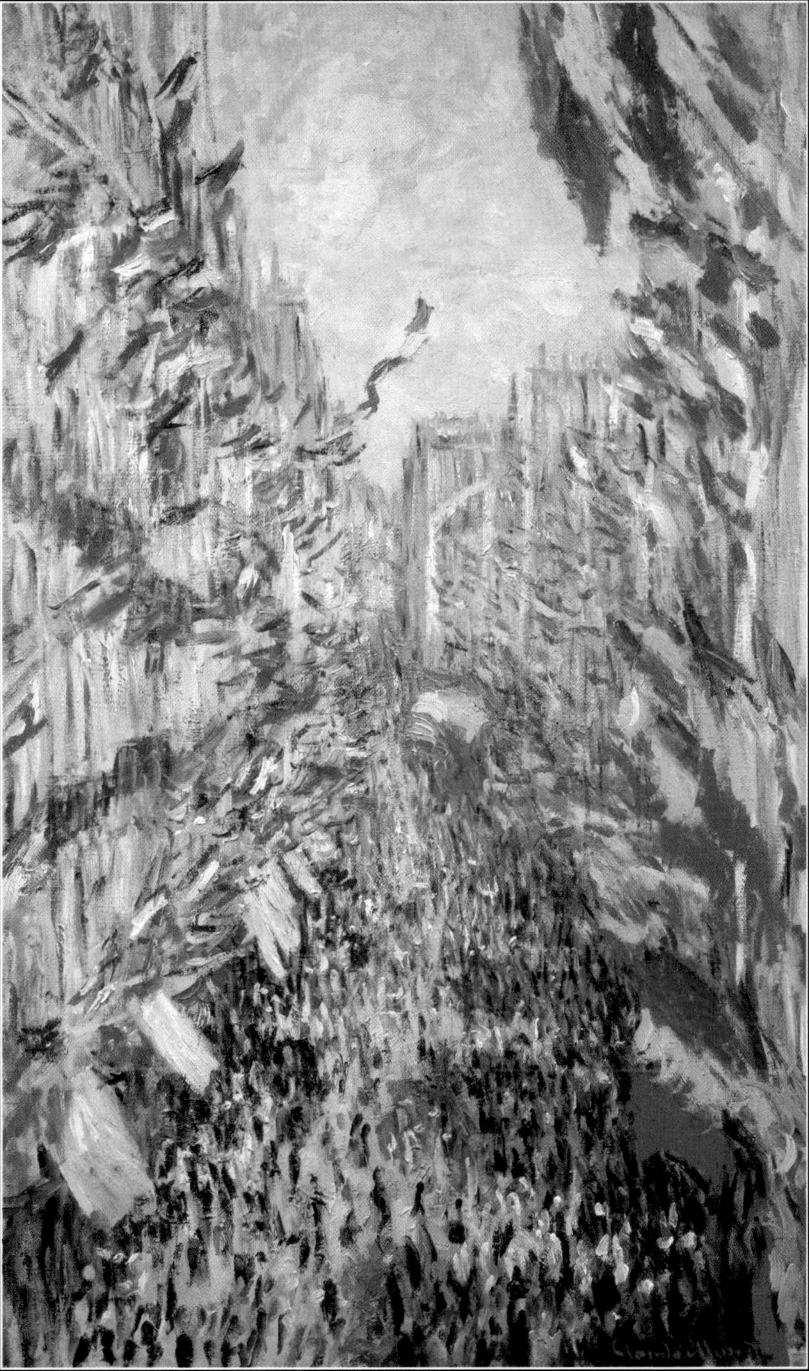

1878년 6월 30일, 몽토르게이 거리
Rue Montorgueil, 30 June 1878

클로드 모네, 1878

캔버스에 유화
81 × 50 cm(31⅞ × 19⅝ in)
오르세 미술관, 파리

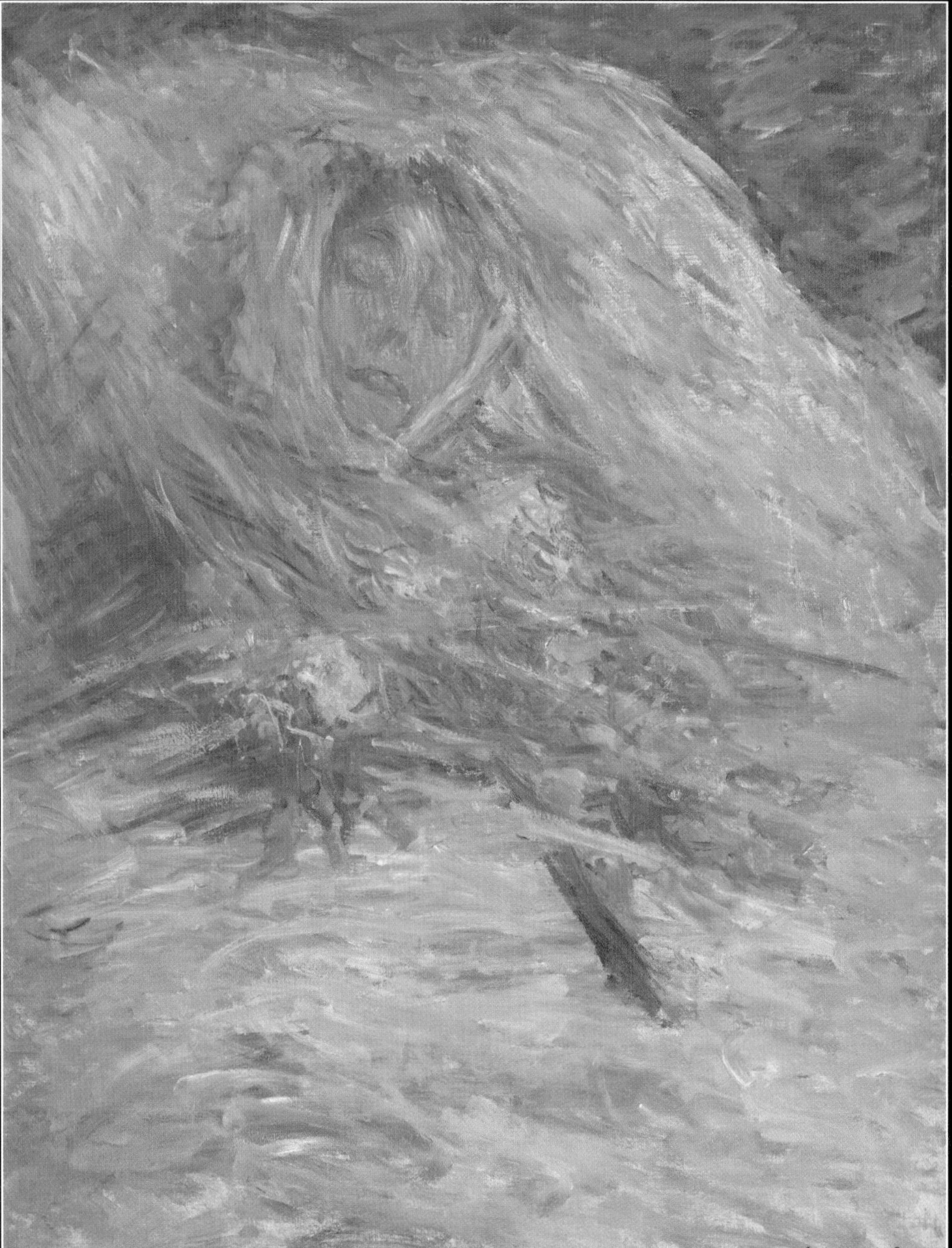

카미유의 임종

Camille on her deathbed

클로드 모네, 1879

캔버스에 유화
90 × 68 cm(35½ × 26¾ in)
오르세 미술관, 파리

한 지붕 두 가족

에르네스트 호슈데는 파리의 상인이자 미술품 수집가로 매우 사치스러운 삶을 살았는데, 이는 아내 알리스Alice의 재산 덕분이기도 했다. 그녀는 17세 무렵에 그와 결혼했고 얼마 되지 않아 여섯 명의 아이들을 갖게 되었다. 알리스가 파리 근교에 있는 로템부르그Rottembourg 대저택을 상속받자, 에르네스트는 자신이 구입한 많은 그림들을 이곳에 전시하고 마네와 모네에게 새로운 작품들을 의뢰하며 예술에 대한 열정을 누그러뜨리곤 했다. 에르네스트가 모네에게 대저택의 다이닝룸을 장식할 작품을 만들어 달라고 부탁하자, 모네는 작품을 위해 그의 집에 머물게 되면서 그의 가족과 친하게 지냈고, 특히 알리스와 가까워지게 되었다. 그러는 사이에 에르네스트는 돈을 흥청망청 써대고 있었는데, 심지어 사비로 열차비용을 대가며 파리에 있는 손님들을 대저택의 파티로 데려오기를 계속하다가, 결국 파산하고 말았다. 그는 151명의 채권자에게 200만 프랑이 넘는 빚을 지게 되었고, 결국 호슈데 일가는 대저택을 떠나야 했다. 그 시기, 모네 역시 경제적 어려움을 겪고 있었다. 게다가, 둘째 아들 미셸Michel을 임신했던 동안에 몸이 좋지 않았던 카미유는 1878년 3월에 아이를 낳고도 여전히 침대에서 일어나지 못하고 있었다. 평범한 선택은 아니었지만, 두 살림을 하나로 합치는 것이 모두에게 좋겠다는 생각에 두 가족은 함께 살기로 결정했다. 그리하여 1878년 여름, 두 가족은 파리 북서쪽으로 66km 떨어진 시골마을 베퇴유Vétheuil에 집을 빌려 이사했다.

에르네스트는 가족과 함께 보내는 시간도 없이 곧 바로 새로운 사업에 착수했지만, 연이어 실패했다. 알리스와 에르네스트가 주고받은 편지를 보면, 그가 베퇴유에 거의 머물지 않았고 심지어 크리스마스나 아이들의 생일에도 시간을 내지 않았다고 한다. 이내 모네는 병마와 싸우는 아픈 아내와 여덟 명의 아이들을 돌봐야 하는 상황에 놓이게 되었다.

1879년 9월 5일, 카미유가 세상을 떠나고 말았다. 모네는 한 친구에게 보낸 편지에 '가엾은 내 아내가 끔찍한 고통을 겪다가 결국 분투하기를 포기했다'고 썼다. 이때 카미유의 나이는 고작 32살이었다. 모네는 마지막 순간에도 사랑하는 아내의 임종을 그렸다. 그도 어찌할 수 없었다고 말했다. "그림은 내 삶의 강박이고 기쁨이자 고통이라네… 더 이상 움직이지 않는 그녀의 얼굴에 죽음이 드리운 색조의 변화를 무의식적으로 뒤쫓고 있는 나 자신을 발견했네… 푸른색, 노란색, 그리고 회색의 색조들을…"

대동결, 1879-80년

카미유가 세상을 떠났고, 센 강은 얼어붙었다. 그해, 파리와 베퇴유에 유난히 추운 혹독한 겨울이 찾아왔다. 모네는 깊은 슬픔에도 불구하고, 이 극적인 풍경에 매료되었다. 얼어붙은 센 강, 그리고 날씨가 풀리면서 녹은 거대한 얼음(빙하) 덩어리들이 강 하류로 내려와 부딪혀 흩어지는 해빙. 모네는 18점의 그림을 단숨에 그려냈다.

1879년 크리스마스 날이었지만, 모네는 가족들을 위한 선물은커녕 수중에 음식을 살 돈조차 없었다. 하지만 매일 끔찍한 날씨가 신문의 머리기사를 장식하고 있었고, 모네는 자신이 선택한 소재의 상업성을 분명히 알고 있었던 것 같다. 그래서 살롱에 한 번 더 도전을 했지만 거부되자, 모네는 직접 전시회를 열기로 결심했다. 1880년 4월, 전위미술 잡지사인 라 비 모데른La Vie Modern의 부속화랑에서 모네의 첫 개인전이 열렸다. 마네의 일러스트레이션과 최근 인상파에 대한 책을 출간한 테오도르 뒤레Théodore Duret의 서문이 실린 카탈로그에는 18점의 작품이 소개되었고, 〈유빙The Ice Floes〉을 비롯한 몇 가지 작품들이 기록적인 가격에 팔려 나갔다. 이제 모네는 풍경화를 그려 개인 갤러리에 전시하는 데 집중하게 되었다.

〈유빙〉의 화풍이 이전 작품들보다 훨씬 관습적이고 좀 더 완성된 것으로 보인 점이 아마도 성공에 기여했을 것이다. 또한, 모네는 얼음덩어리로 인해 인간과 재산에 초래된 혼란과 파괴에 대한 느낌 대신에 이른 아침, 여명이 감도는 파스텔 색채의 풍경을 담았다.

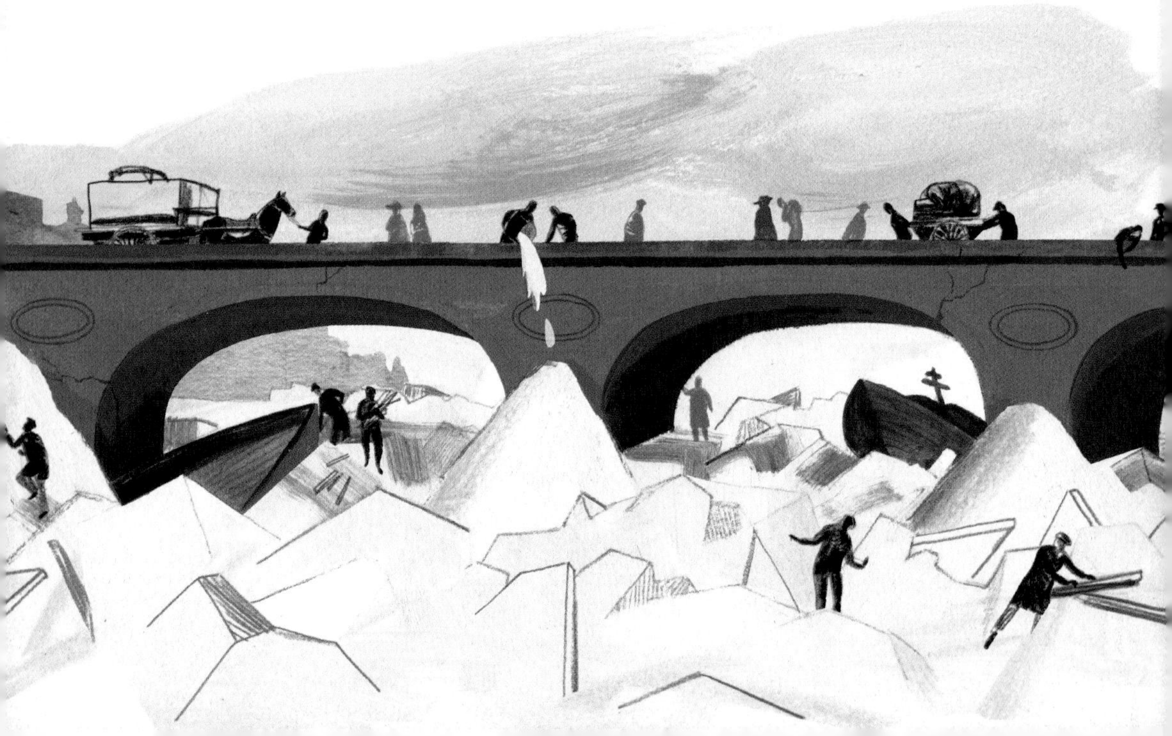

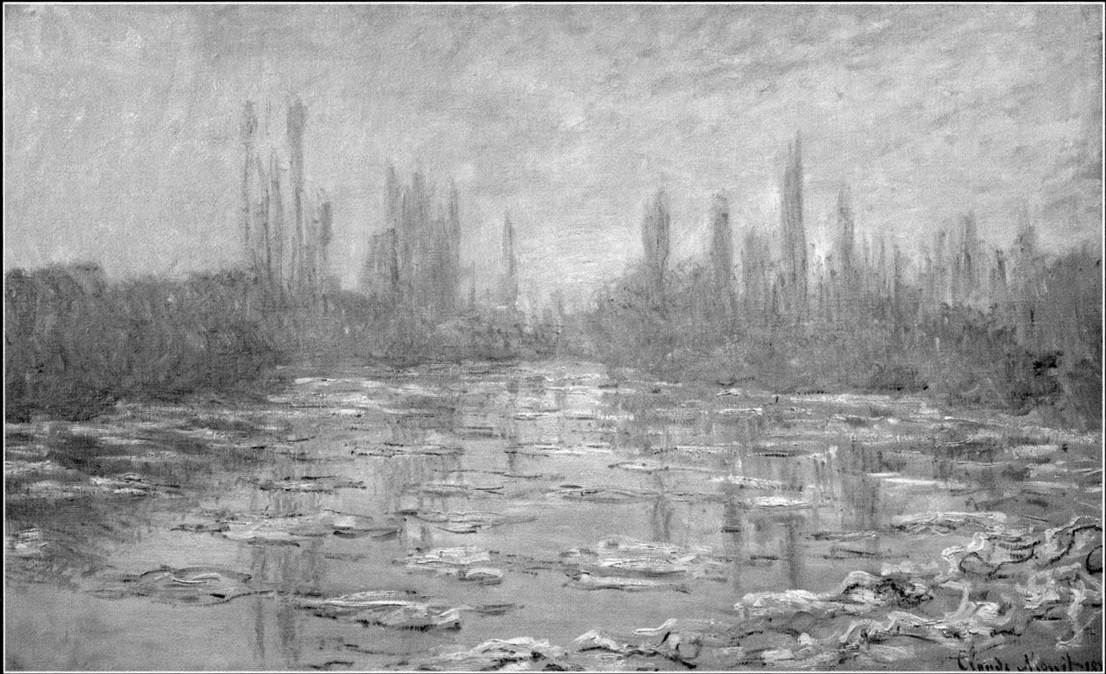

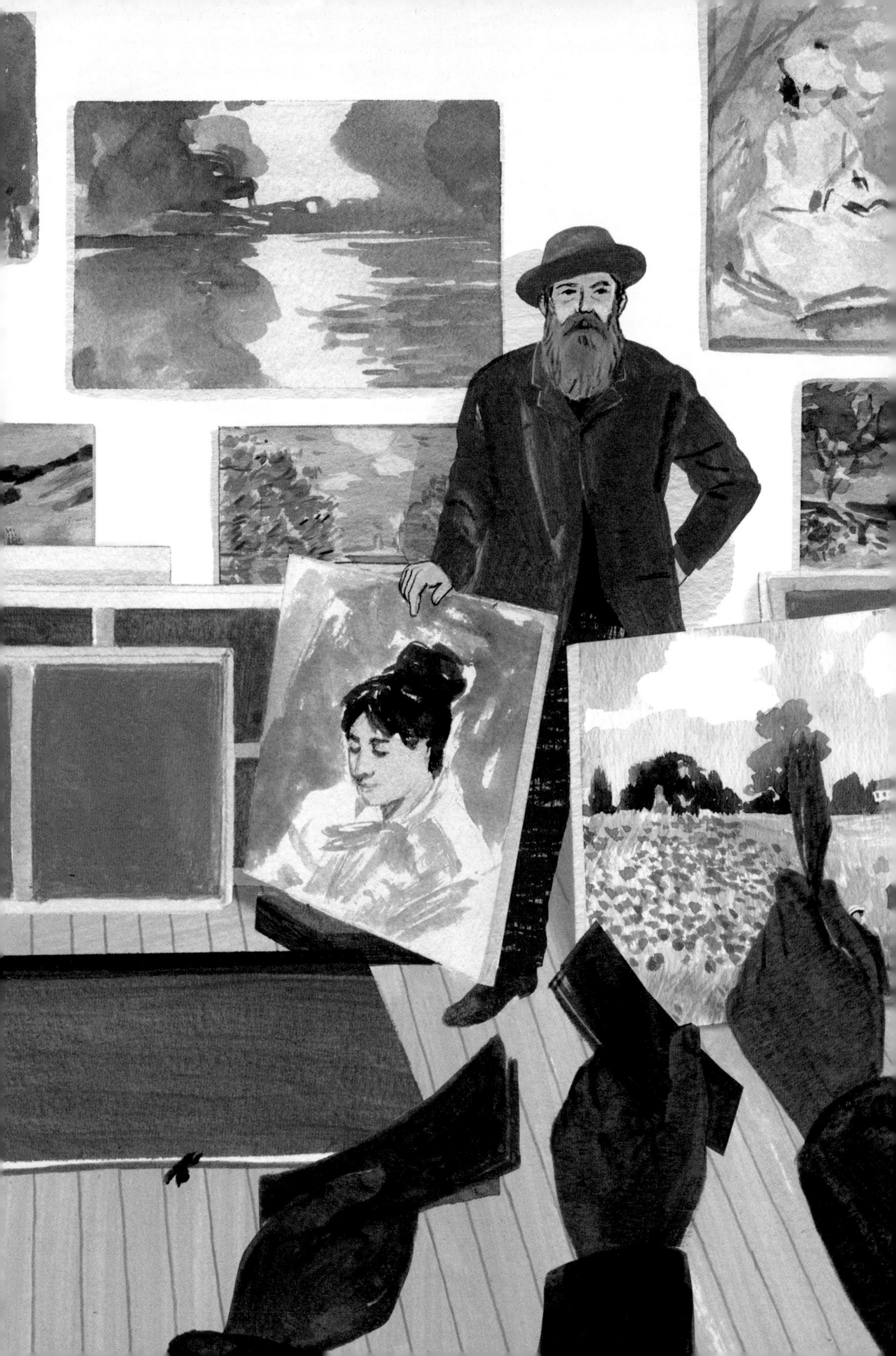

모네는 돈을 좋아해Monet likes monnaie

개인전이 성공하고 난 후, 모네는 자신의 작품을 전시하는 길이 살롱이나 인상주의 전시회보다는 개인적인 상업 전시회라고 확신했다. 1874년부터 1886년까지 총 8차례의 인상파 전시회가 있었지만, 모네는 점점 참여하지 않았다. 하지만 모네만 그런 것은 아니었다. 실제로 모든 전시회에 참여하는 예술가는 피사로뿐이었다. 어쨌든 이는 분노를 일으켰고 아마도 이러한 이유 때문이었는지, 아니면 모네가 상업적으로 성공을 거두게 되자 이에 대한 질투 때문이었는지, 세잔은 '모네는 돈monnaie을 좋아해'라는 발언을 했고, 드가는 '정신없이 해대는 자기광고'라며 경멸을 표했다. 그래도 그들에게는 먹여 살려야 할 아이가 8명이나 있진 않았다. 또한, 모네에게 단단히 화가 난 한 동료는 르 골루아Le Gaulois 저널에 익명으로 명예훼손 기사를 썼다. "모네는 이제 예술에는 관심이 없다. 그는 지금 알리스 호슈데Alice Hoschedé와 마치 부부인 양 함께 살고 있다!"

그 후 5년 동안, 모네는 판매량을 올리기 위해 할 수 있는 모든 것을 했다. 상업 갤러리는 새로운 현상이었고, 모네는 그 잠재력을 인식한 최초의 예술가 중 한 명이었다고 할 수 있다. 뒤랑뤼엘 갤러리는 1870년대에 처음으로 모네를 지지한 갤러리였지만, 힘든 시기를 맞이해 타격을 받았다. 1880년대 초에 폴 뒤랑뤼엘은 다시 모네에게 관심을 갖긴 했지만, 종종 어음이나 차용증을 써서 운영했다. 당시엔 오늘날의 예술가와 갤러리 간의 계약의무가 존재하지 않았고, 명민한 상업적 통찰력이 있었던 모네는 이 상황을 자신에게 유리하게 활용할 수 있음을 깨달았다. 그래서 조르주 프티Georges Petit가 그에게 '국제 전시회'에 전시할 것을 권유했을 때, 모네는 흔쾌히 동의했다. 또한, 그는 빈센트 반 고흐Vincent van Gogh의 형제 테오Theo를 자신의 집으로 초청하였다. 파리의 구필 갤러리Goupil Gallery에서 일하는 테오가 모네의 그림을 여러 점 사 갔기 때문이다. 모네가 성공을 거둘수록 갤러리들은 그의 작품을 팔고 싶어 안달이 나 있었고, 그는 가격을 올리기 위해 값을 흥정하며 그들을 떠보기도 했다. 그러나 모네는 나중엔 뒤랑뤼엘을 통해서 주요 작품들을 팔았는데, 이는 장기적으로는 인상주의에 대한 뒤랑뤼엘의 끊임없는 전념 때문이기도 했지만 인상주의 그림을 막대한 새 시장이 열리는 미국에 전시하자는 그의 선견 때문이었다.

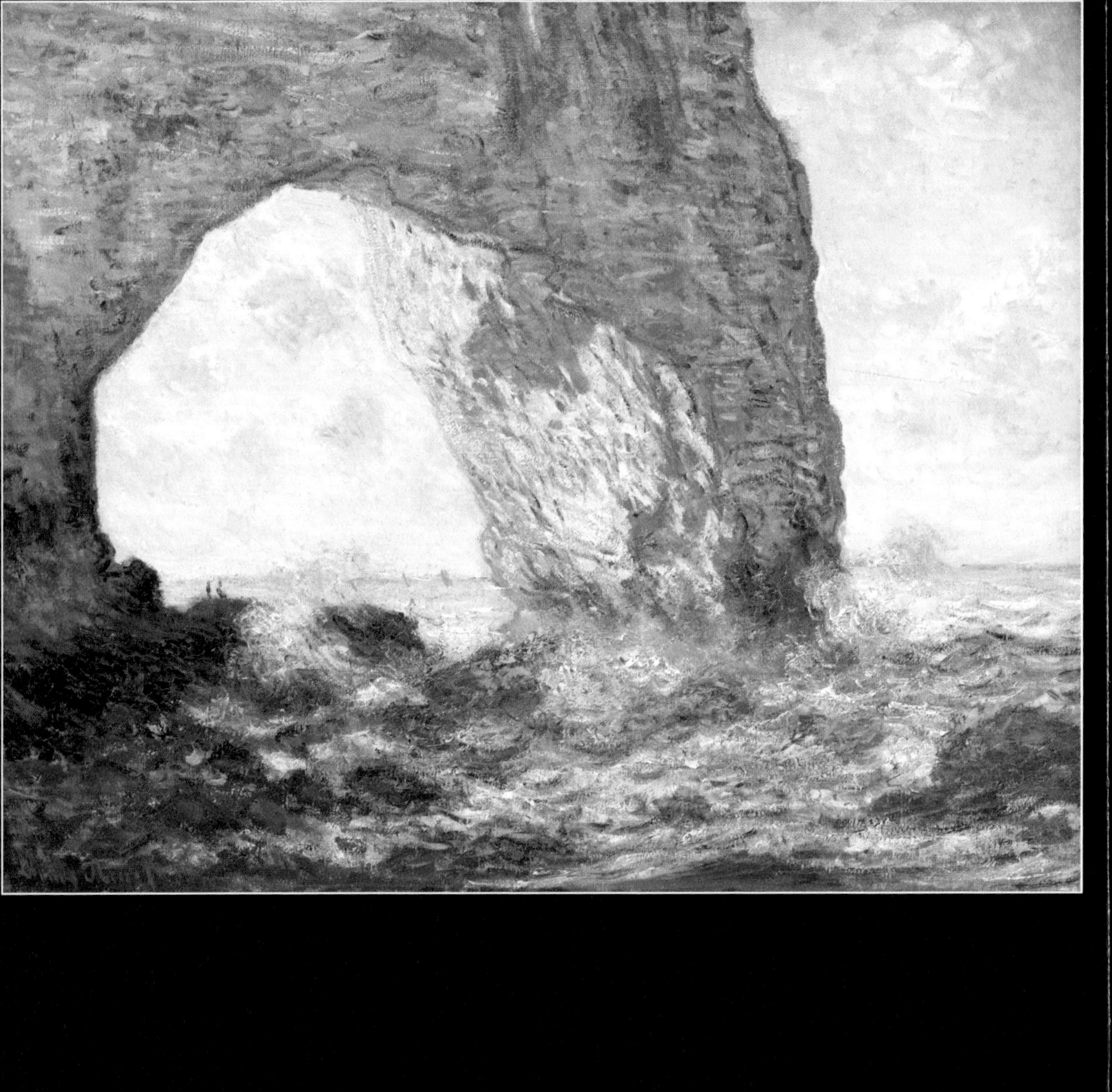

에트르타의 마네포르테
The Manneporte (Etretat)

클로드 모네, 1883

캔버스에 유화
65.4 × 81.3 cm(25¾ × 32 in)
메트로폴리탄 미술관, 뉴욕
1951년, 윌리엄 처치 오스본 유증
Acc.n.: 51.30.5

'그는 바다의 소용돌이 한가운데에 휘몰아치는 폭풍을 그렸다.'

이는 노르망디 해안을 그린 모네의 그림에 대한 어느 비평가의 묘사이다. 1883년에서 1886년 사이에 모네는 이 거친 해안선에 매료되어 60점 이상의 그림을 그려냈다. 그 그림들은 엄청난 인기를 끌었다. 그는 날씨가 가장 드라마틱하고 극한에 달한 겨울을 택했다. 쿠르베, 외젠 들라크루아Eugène Delacroix 등도 이 해안선을 그렸지만, 모네는 늘 그렇듯이 말했다. "나는 좀 다르게 그릴 거라네."

모네는 그때의 일을 다음과 같이 회상했다. "… 큰 파도가 몰려오는 것을 보지 못했다. 그리고 나는 그대로 빨려 들어갔다. 파도가 나를 절벽으로 내동댕이쳤고, 파도가 지나간 흔적 속으로 내 물건들도 함께 던져졌다. 물이 나를 끌어당기는 순간, 이제는 죽었구나 하는 생각이 들었다. 하지만, 흠뻑 젖은 팔다리로 가까스로 기어올라 왔다. 손에 꽉 쥐고 있던 팔레트가 얼굴 위로 엎어져 수염이 온통 노란색으로 뒤덮였다!"

모네는 노르망디의 해변을 따라 어두운 굴을 비집고 지나가야 볼 수 있는 바위절벽, 마네포르테의 드라마틱하고 이례적인 전망을 화폭에 담았다. 〈마네포르테The Manneporte〉에서, 아치 형상은 모네가 좋아하여 수집한 우타가와 쿠니요시Utagawa Kuniyoshi 1797-1861의 작품 등 일본 판화에 나오는 암석을 연상시킨다. 암면은 여러 색들이 두껍게 엮이며 덧칠로 표현되는데, 뒤섞은 색의 배합을 통해서가 아니라 각각의 색채들이 어우러지며 조화를 이룬다. 내면을 표현하고 그 표현 기법에 중점을 둔 것은 매우 현대적이었다.

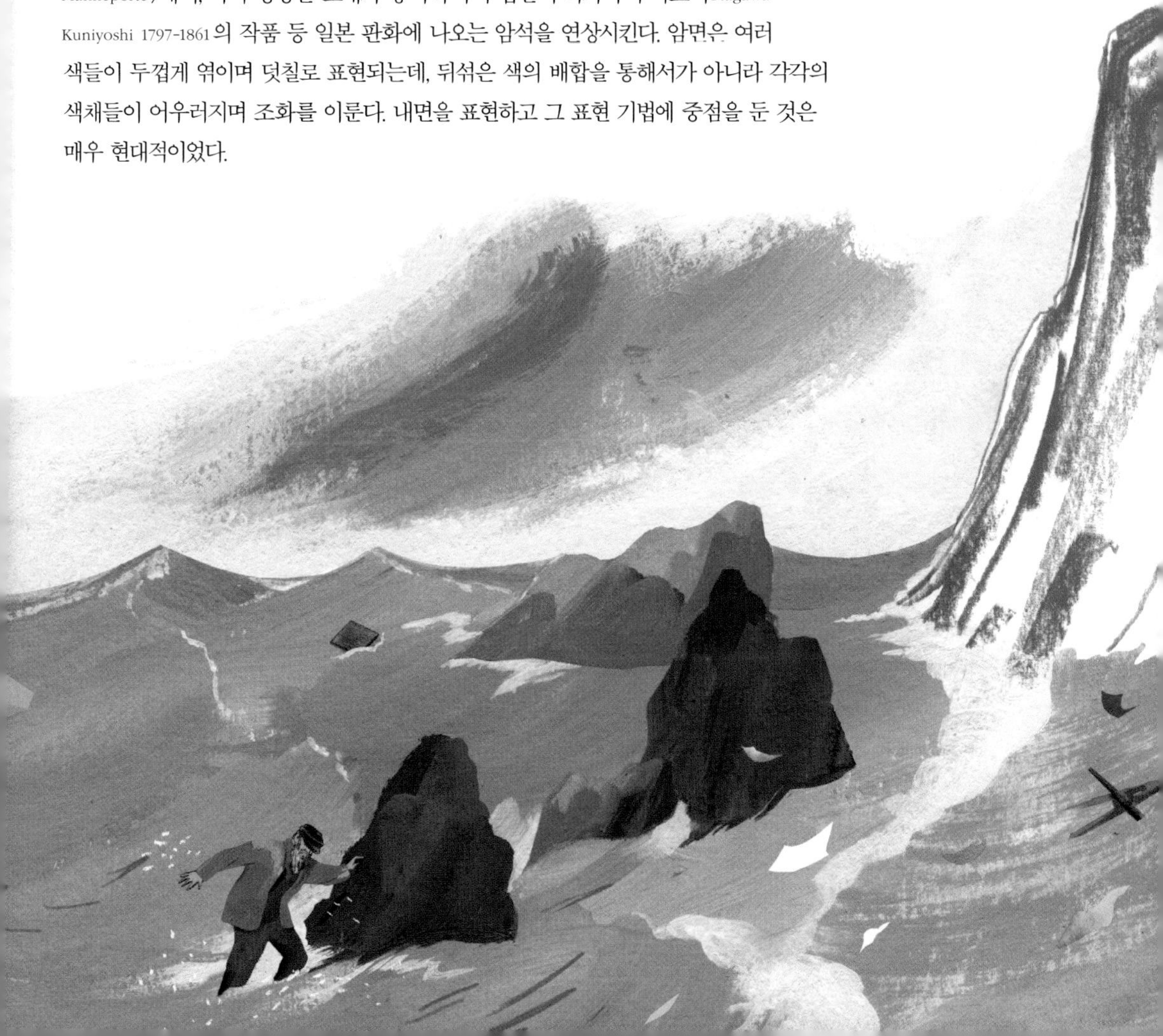

알리스에게 속마음을 털어놓다

냉소적인 사람들은 모네가 끊임없이 집 밖으로 나도는 것은 영감을 주는 대상을 찾기 위해서이기도 하지만, 여덟 명의 아이들을 키우는 것에 관련된 귀찮은 집안일을 피하기 위한 것이었다고 말한다. 그러나 그는 한 가지 면에서만큼은 매우 의무감을 갖고 있었다. 하루가 끝나갈 무렵이면, 그는 앉아서 알리스에게 편지를 썼다.
이 서신의 주된 주제는 아이들이나 알리스에 대한 사랑이 아니라, 날씨에 대해서였다! 모네의 하루하루는 그의 예술이 완전히 지배하고 있었고, 그의 예술은 날씨가 완전히 지배하고 있었다. 비가 내렸거나 태양이 너무 밝게 빛나는 날엔, 그가 전날 그리기 시작했던 것과 같은 색감과 같은 분위기가 아닌 것에 절망하곤 했다. 모네의 편지에는 '완전히 절망적', '모든 것을 다 던져버리고 싶은 기분', '비참하다'라는 문구가 가득한데, 이는 모두 날씨 때문이었다. 그래도 모네는 속마음을 털어놓을 수 있는 알리스가 있음에 고마워했고, "고난에 대해 이야기하는 것이 위안이 된다."고 말했다. 또한 흥미로운 점은, (카미유와는 달리) 알리스는 모네의 그림에서는 등장하지 않지만 그의 작품에 적극적인 관심을 보였으며 그녀의 호의적인 반응이 그에게 중요했던 건 분명하다는 것이다.
"나는 그림을 그릴 때, 당신에게 즐거움을 주고 싶은 마음이라오. 내가 보고 있는 것을 당신에게 그대로 전해주고 싶은 마음이 작업을 잘할 수 있게 해준다오."

오랫동안 집을 비운 그의 부재로 알리스와 아이들은 분명 힘든 시간을 보냈을 테지만, 그렇게 해서 나온 그림의 판매가 늘어난 것은 상당한 보상이 되었을 것이다. 모네가 끊임없이 움직일수록, 가족들은 점차 안정적으로 살게 되었다. 그리고 모네가 집으로 돌아왔을 땐, 더욱 평온한 가정의 안식을 누릴 수 있었다. 이는 〈베퇴유에 있는 화가의 정원The Artist's Garden at Vétheuil〉 등 당시의 그림들을 보면 알 수 있다. 태양이 가득한 이 장면은 가족의 집, 정원, 가장 어린 두 자녀인 미셸 모네Michel Monet와 장 피에르 호슈데Jean-Pierre Hoschedé를 보여준다. 모네는 이 거대한 캔버스를 팔기를 거절했는데, 아마도 가족들과의 즐거운 시간을 떠올리게 하는 그림이었기 때문일 것이다. 3년 후인 1883년에 가족은 지베르니Giverny의 더 넓은 집으로 이사했고, 이 이사를 마지막으로 이곳에서 평생을 살았다.

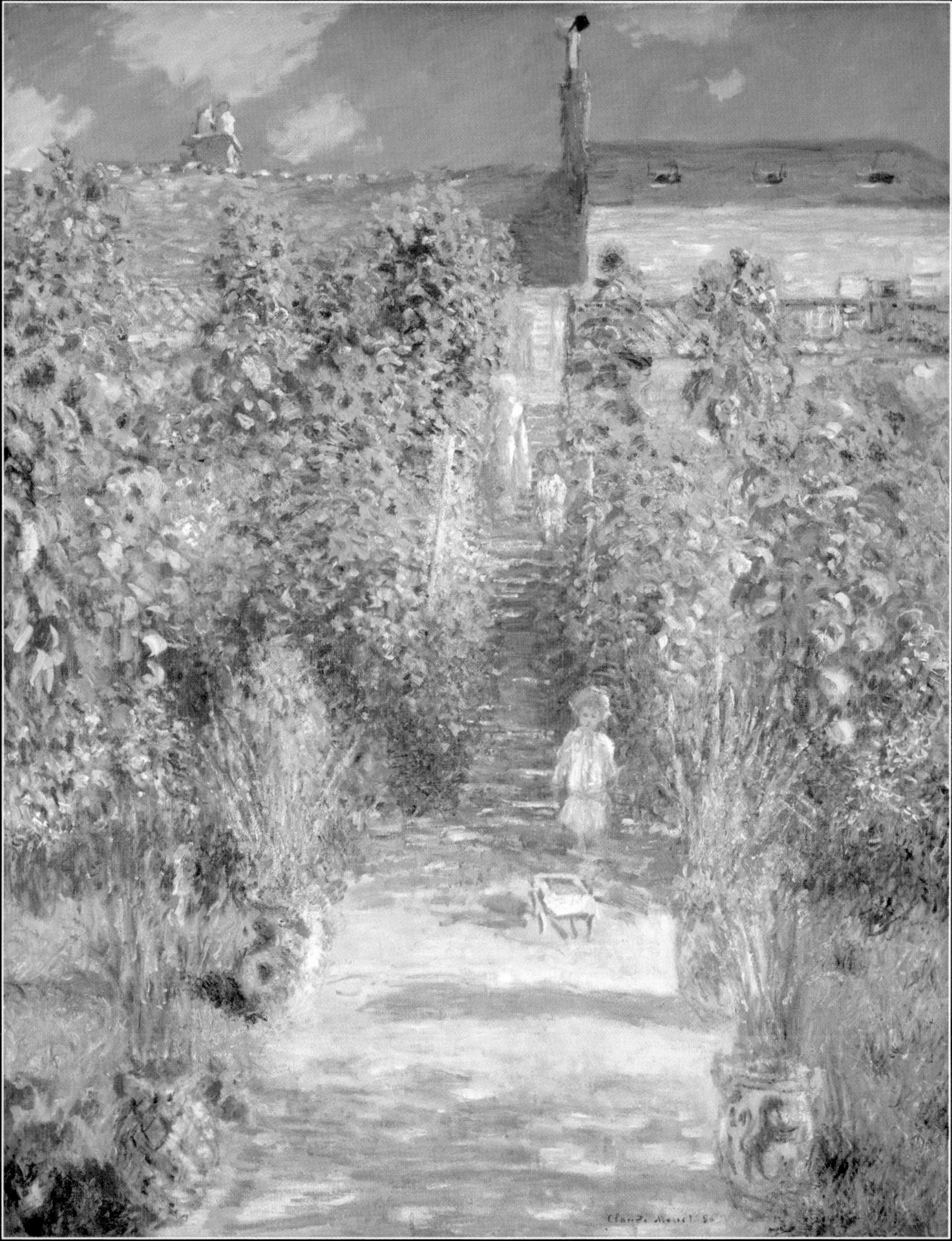

베티유에 있는 화가의 정원

The Artist's Garden at Vétheuil

클로드 모네, 1880

캔버스에 유화
151.5 × 121 cm(59⅝ × 47⅝ in)
국립 미술관, 워싱턴 D.C.
알리사 멜론 브루스 콜렉션 (1970.17.45)

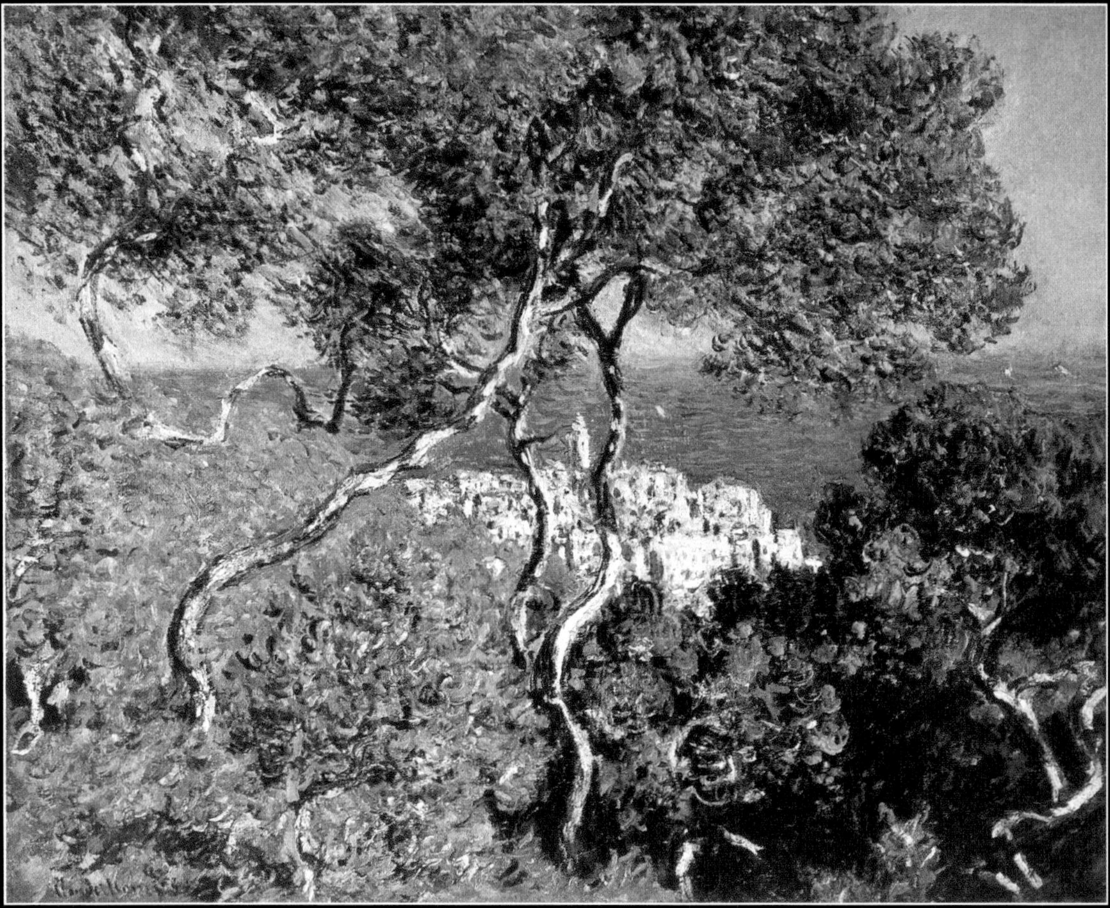

보르디게라

Bordighera

클로드 모네, 1884

캔버스에 유화
65 × 80.8 cm(25⅝ × 31 13/16 in)
시카고 미술 연구소

폭풍이 지나가고 태양이 뜨다

모네가 날씨에 대해 하소연하는 편지를 보낸 사람은 비단 알리스뿐만이 아니었다. 그의 미술상 폴 뒤랑뤼엘Paul Durand-Ruel 역시 비슷한 편지를 받았는데, 일부 편지에서는 약속된 그림의 전달이 늦어지는데 대한 양해를 구하기도 했다. 실망한 뒤랑뤼엘은 햇빛이 더욱 안정적인 프랑스 남부에서 작업하라고 모네를 설득했고, 모네는 이에 동의하여 1883년 12월에 르누아르와 함께 난생처음 지중해 연안으로 출발했다. 모네는 만족스러운 그림을 얻기 위해 부단히 애를 썼지만, 새로운 장소를 완전히 이해하고 느끼기까지는 어느 정도의 시간이 필요했다. 그래서 두 사람은 이탈리아 내륙으로 들어가 제노바까지 여행했고, 모네는 이탈리아-프랑스 국경 근처 보르디게라Bordighera 바로 위에 있는 리비에라Riviera로 돌아와 뒤랑뤼엘에게 편지를 썼다. "보르디게라는 정말 아름다운 곳입니다. 저는 이 새로운 풍경을 그릴 생각입니다. 하지만 제가 여기 왔다는 것을 르누아르에게 비밀로 해주시길 부탁드립니다… 저만의 느낌에 몰입해서 혼자 작업할 때 일이 더 잘 되거든요."

이 여행은 대성공이었다. 1884년 2월, 그는 알리스에게 편지를 썼다. "이제 비로소 풍경이 진정 느껴진다오. 난 지금 이 아름다운 풍경에 완전히 매료되었소. 대담하게 핑크와 블루 색조도 넣을 생각이오. 열대의 신비한 햇살아래 그런 색조의 화사함으로 이루어진 풍경이라 있는 그대로 포착하기로 했다오." 실제로, 이 그림들을 이토록 놀랍고 색다르게 만든 것은 남쪽의 활기찬 색채와 풍부한 열대식물들이다. 그가 처음에 '소름이 끼쳤다'고 말한 강렬한 색채와 무성한 초목의 다양한 형상들은 그의 인상주의 화풍에 새로운 대담함을 부여하고 있다.

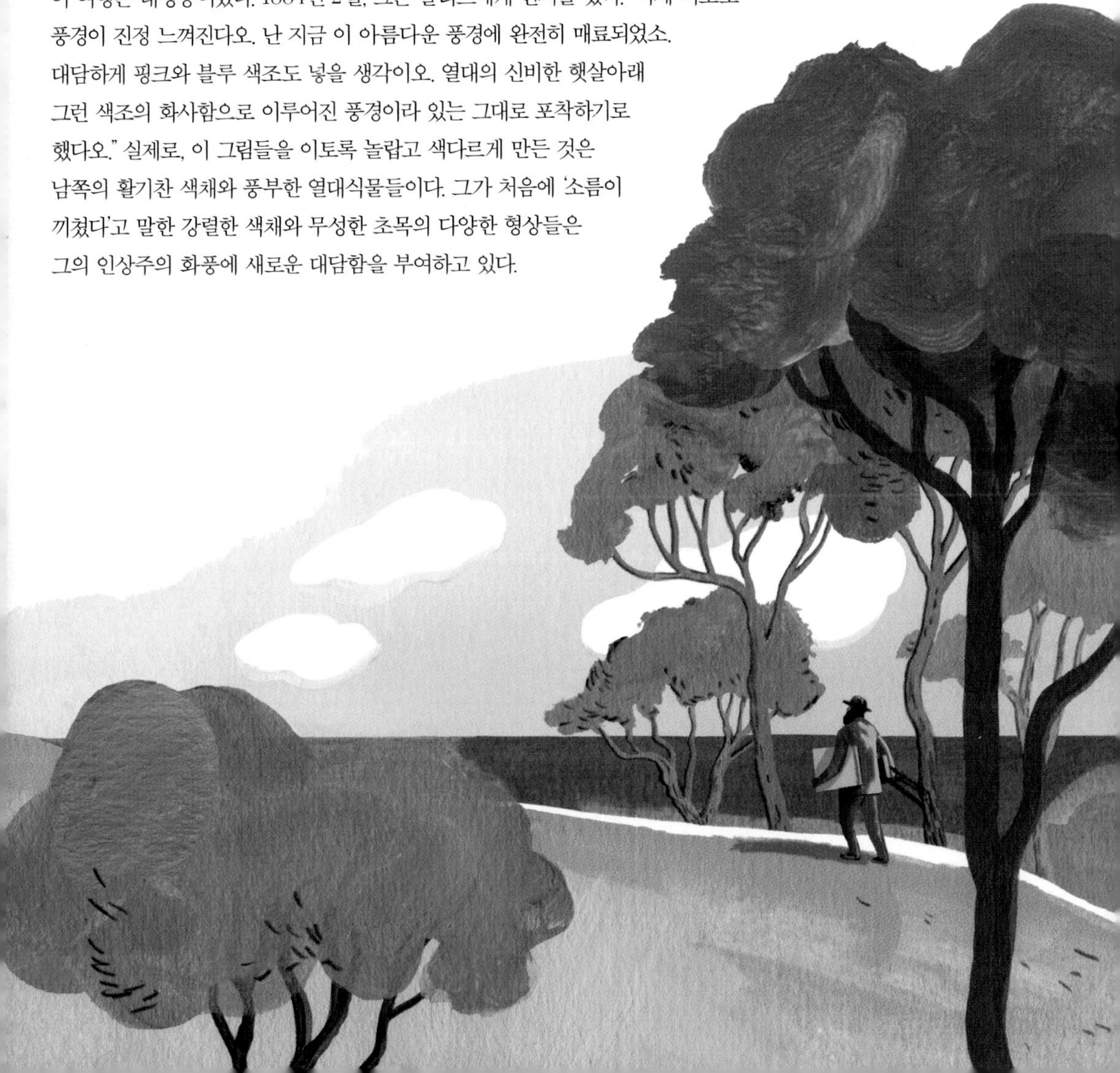

뉴 키즈 온 더 블록

모네는 프랑스 남부의 여러 지역을 여행한 후, '화이트, 핑크, 블루 모두가 이 동화 속 공기에 둘러싸인 달콤함 그 자체'인 그림들을 가지고 파리로 돌아왔다. 두말할 것도 없이, 그림들은 잘 팔렸다. 테오 반 고흐는 모네가 앙티브Antibes에서 그린 그림을 10점이나 구입해 갔다. 이는 모네에게 있어 동료 화가들 사이에서 차츰 인기가 식어가고 있는 인상주의 화풍의 건재함을 보여줄 수 있는 기회이기도 했다. 1886년을 마지막으로 인상주의 전시회는 더 이상 그룹전을 개최하지 않기로 하고 뿔뿔이 흩어졌다. 이제 피사로는 조르주 쇠라Georges Seurat가 이끄는 점묘법* 으로 작업하고 있었고, 많은 젊은 예술가들이 이 화법을 쓰고 있었다. 르누아르도 인상주의에서 벗어나 보다 전통적이고 고전적인 스타일로 전향했다. 하지만, 모네는 여전히 인상주의 기법을 쓰면서 소수로 자리 잡았고, 전위예술가인 그는 이제 심지어 일부 젊은 예술가들로부터 비평을 받기도 했다.**

* 순수한 색상의 작은 점들을 사용하여 이미지를 만들어 나가는 것

** 전위예술, Avant-Garde: 특정 유파나 운동에 그치지 않고 새로운 경향의 예술을 총칭하는 용어

회고전, 1889년

1889년, 모네는 오귀스트 로댕Auguste Rodin과 함께 회고전 전시에 초대받았다. 로댕은 프랑스 예술에 대한 공헌으로 최근 프랑스 최고의 훈장인 레지옹도뇌르Légion d'honneur를 받은 최고의 조각가였다. 모네는 공식적으로 인정받고 있는 이 예술가와 나란히 작품을 선보인다는 게 매우 기뻤다. 하지만 로댕은 이번 회고전에서 특별히 신경 쓰고 있는 자신의 조각품들을 모네의 그림 앞에 죽 세워놓고 말했다. "나는 모네까지 신경 쓸 겨를이 없소… 지금 나한테 중요한 건 내 작품뿐이라오!" 전시회가 열렸던 날, 집에 돌아온 모네의 표정은 하도 험악해 호슈데의 딸들이 무서워서 도망갈 정도였다.

모네의 아이들과 호슈데의 아이들은 모네를 돕는 일을 즐겼다. 모네가 여러 그림을 동시에 작업할 땐, 아이들이 수레에 그 그림들을 실어다 주곤 했다. 모네는 아이들을 모델로 세우기도 했는데, 한번은 수잔 호슈데Suzanne Hoschede가 너무 오래 서 있는 바람에 졸도한 적도 있었다. 때로 모네는 수잔의 여동생 블랑슈Blanche에게 그림 그리는 법을 가르쳐주기도 했다.

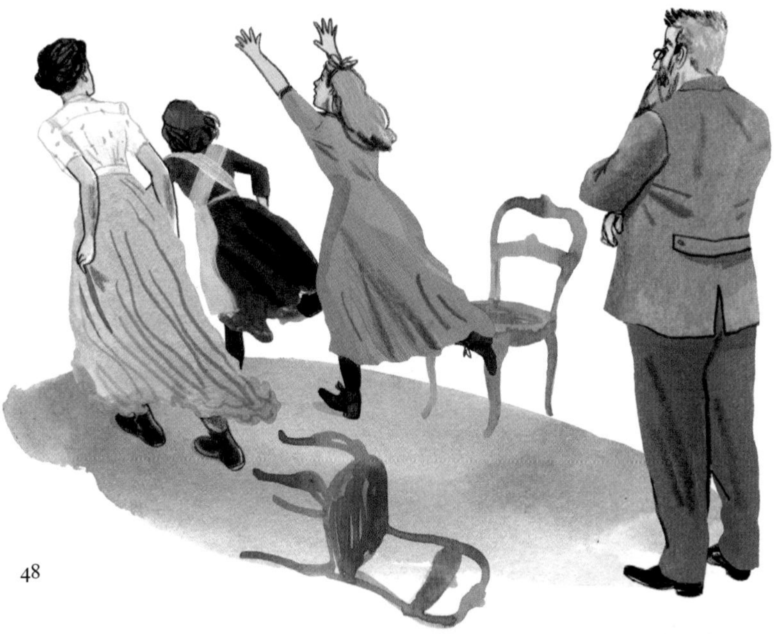

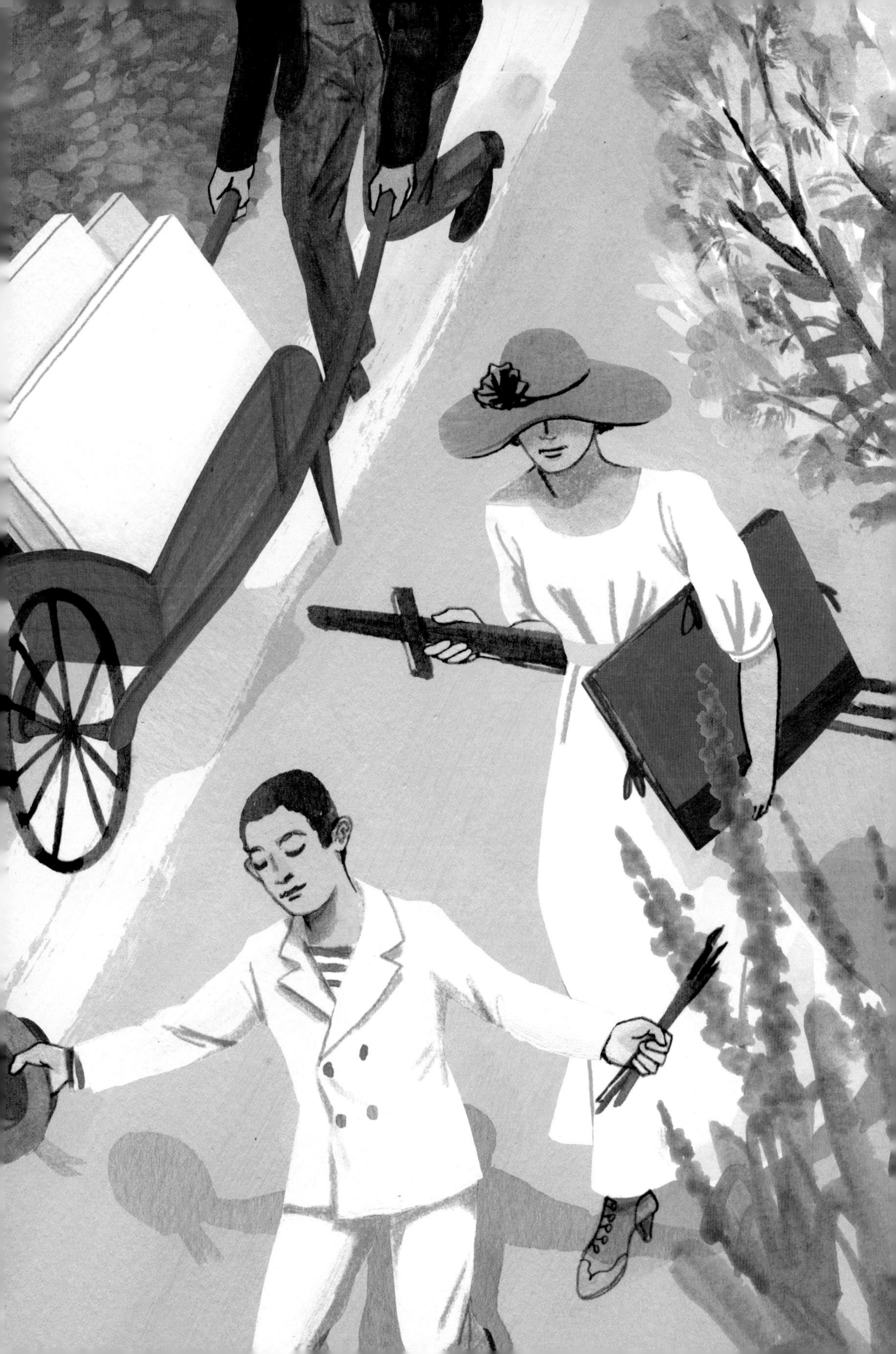

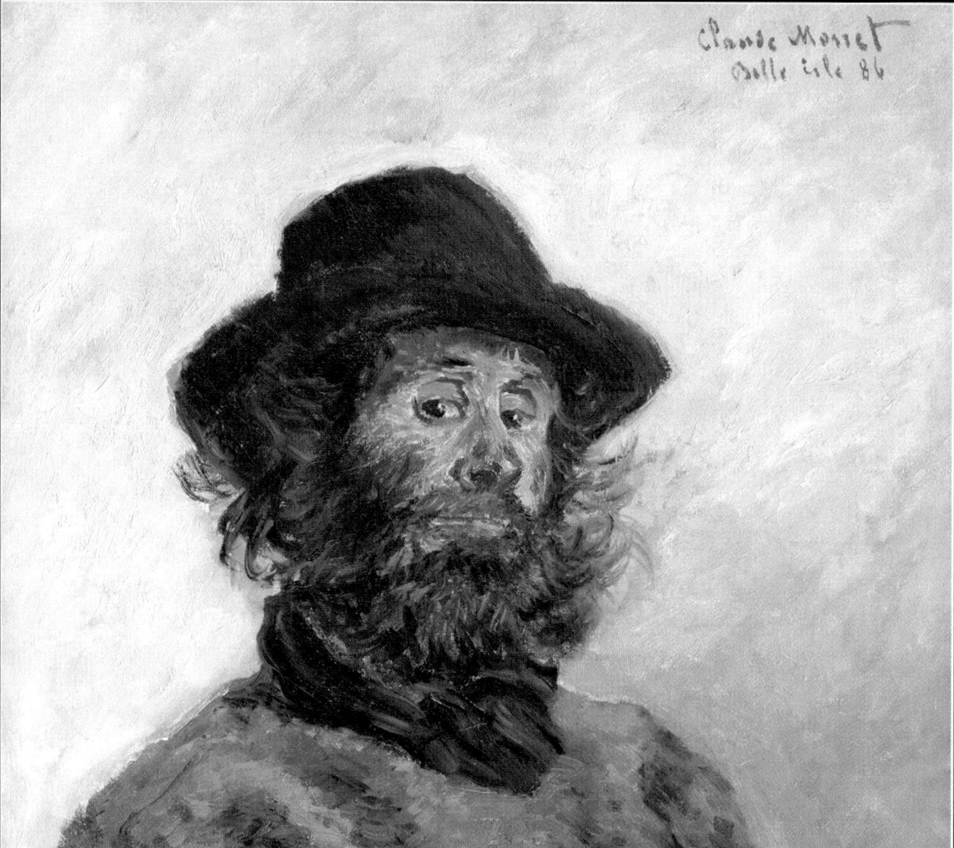

페레 폴리

Pere Poly

클로드 모네, 1886

캔버스에 유화
74 × 53 cm(29⅛ × 20⅞ in)
마르모탕 모네 미술관, 파리

바다 풍경화, 초상화, 그리고 정물화

1880년대, 모네는 끊임없이 여행을 했다. 프랑스 남부에 있지 않을 땐, 네덜란드의 튤립 들판, 마시프 상트랄Massif Central의 드라마틱한 화산 풍경, 또는 노르망디Normandy와 브르타뉴Brittany 해안의 새로운 면모를 계속해서 탐험했다. 마치 해마다 새로운 양의 바다 공기를 필요로 하는 것 같았다. 그는 심지어 부표 속에 묻혀 바다에 떠다니고 싶다고 말할 정도였다. 모네의 지인이자 브르타뉴의 어부였던 페레 폴리Père Poly는 모네를 회상하면서, "바다만이 그분을 행복하게 했습니다. 그분은 물을, 그것도 엄청난 양의 물을 원했죠. 심지어 파도의 물보라가 옷을 적셔도 물이 많으면 많을수록 더욱 좋아했답니다."라고 말했다. 모네가 완벽한 절경을 찾기 위해 위험한 벼랑길을 오를 때, 폴리는 모네의 짐꾼이 되어 그의 캔버스를 몇 마일씩 들어주었다.

폴리의 초상화는 모네의 몇 점 안 되는 초상화 중 하나로, 도드라진 코와 여리저리 뻗쳐있는 얼굴 털에서 여전히 캐리커쳐 화가의 면모가 엿보인다. 바다를 묘사할 때 주로 쓰이는 인상파의 활기찬 붓놀림이 여기 어부가 입고 있는 윗도리의 질감을 잘 살려주고 있다. 특이하게도, 이 그림에는 '클로드 모네, 벨일 섬 86'이라고 붉은색의 서명이 있다. 분명 이 남자와 이 장소가 모네에게 중요했던 것 같다. 모네는 폴리의 초상화를 책상 위에 걸어두었다. 야외에서 그림을 그리기에 날씨가 좋지 않은 날엔, 그는 초상화나 정물화를 그렸다.

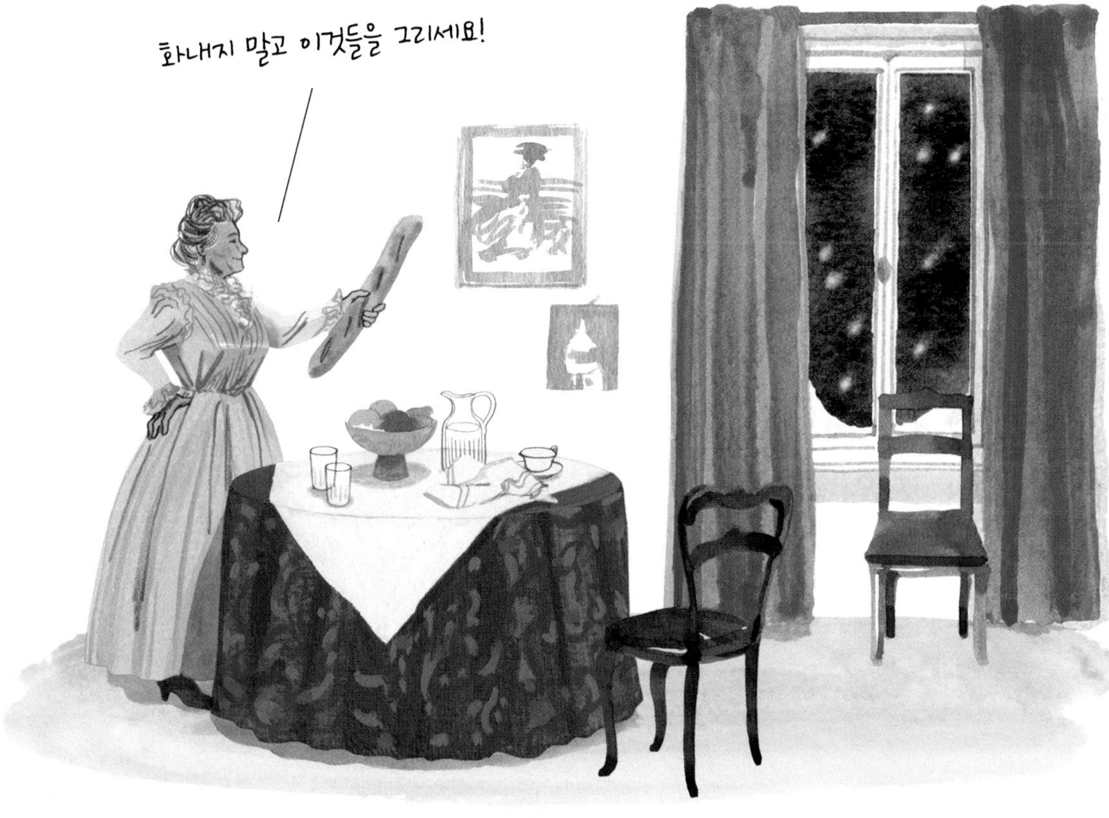

건초더미 연작

1888년, 모네는 새로운 소재를 그리기 시작했다. 이번엔 집에서 가까운 곳이었다. 바로 지베르니의 집 근처 들판 어디에서나 흔히 볼 수 있는 곡물더미였다. 이 소재를 모네보다 먼저 선택했던 이가 있었으니, 바로 장 프랑수아 밀레Jean-François Millet였다. 그는 하나님의 자비와 자연과 인간의 조화를 상징하는 것으로서 곡물더미를 그렸고, 밀레의 그림은 국민의 자부심이 되었다. 밀레의 그림 한 점이 미국의 어느 수집가에게 팔리게 되자 프랑스 정부가 그것을 다시 사들였다. 그리고 대통령이 직접 그 그림이 프랑스로 돌아온 것에 대해 환영 인사를 했을 정도다. 모네의 이른바 건초더미(실제로는 곡물더미) 그림에서는 인간의 존재와 영적인 기쁨이 묘사되기보다는 함축되어있다. 모네는 매시간마다의 변화, 계절의 변화에 따른 색채와 빛의 변화를 포착하는데 중점을 두었다. 1890년의 편지에서 그는, "아주 열심히 하고 있다… 그러나 일 년 중에서도 이 시기엔 해가 너무 빨리 져서 도무지 따라갈 수가 없다. 내가 '찰나'라고 부르는 것들을 표현해내려면 많은 작업들이 이루어져야 한다."고 썼다.

3년에 걸쳐 모네는 곡물더미를 그렸다. 시간의 변화에 따라 그려야했기에, 빛이 바뀌면 다음 캔버스로 이동하는 방식으로 여러 캔버스를 동시에 작업했다. 작고 짧은 붓 터치가 겹겹이 모여 포착된 빛을 이루었다. 그 조화로운 색채와 반짝이는 빛은 그 찰나의 모습뿐만 아니라 그가 느낀 정서적 반응까지 묘사한다. 이 그림들은 젊은 점묘주의 화가들이 색채와 빛의 상호작용을 탐구할 때 선택하는 준準과학적인 접근법에 대한 도전이었을 수도 있다.

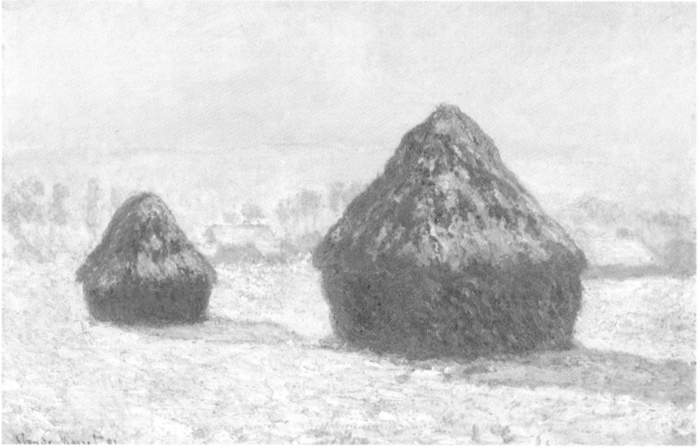

오전의 건초더미, 눈의 효과
Grain Stacks, Snow Effect, Morning

클로드 모네, 1891

캔버스에 유화
64.8 × 99.7 cm(25½ × 39¼ in)
J. 폴 게티 미술관, 로스앤젤레스

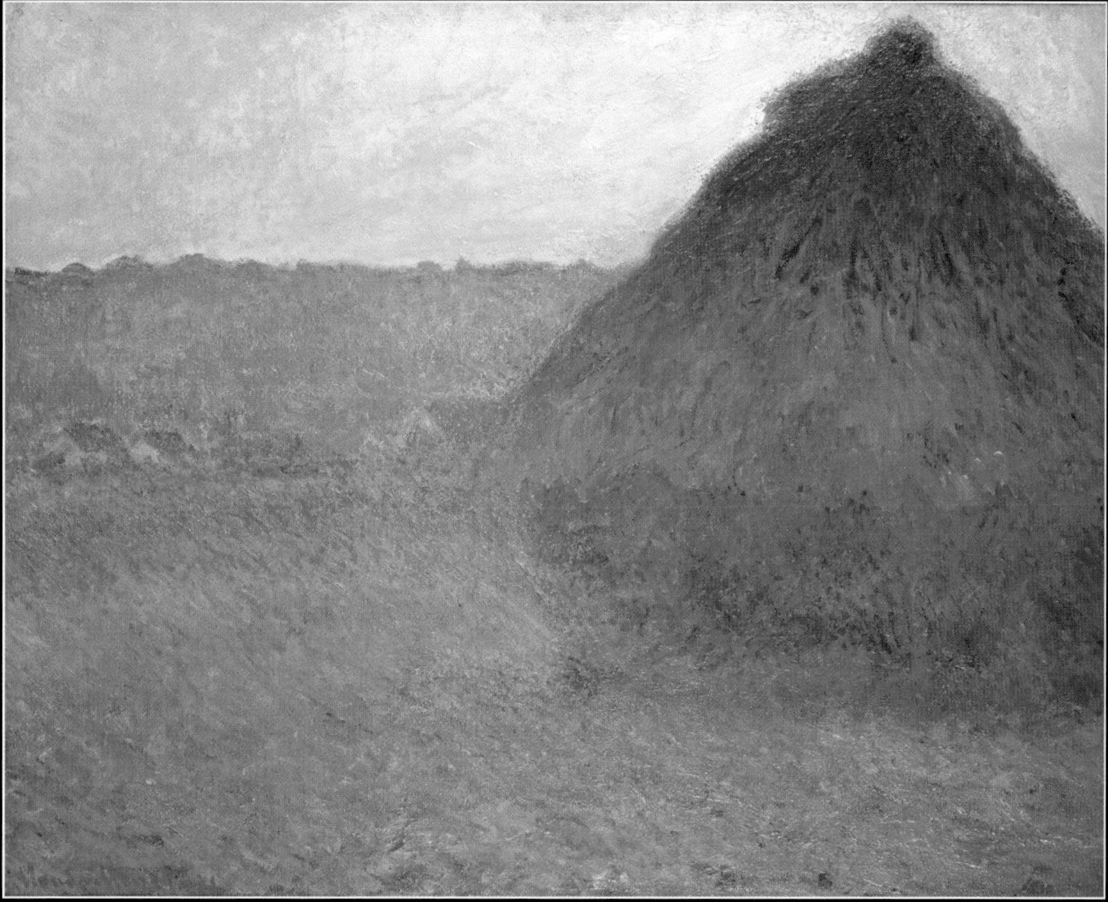

건초더미, 분홍색과 푸른색의 인상

Grain Stacks, Pink and Blue Impressions

클로드 모네, 1891

캔버스에 유화
73 × 92 cm(28¾ × 36¼ in)
개인 소장, 런던

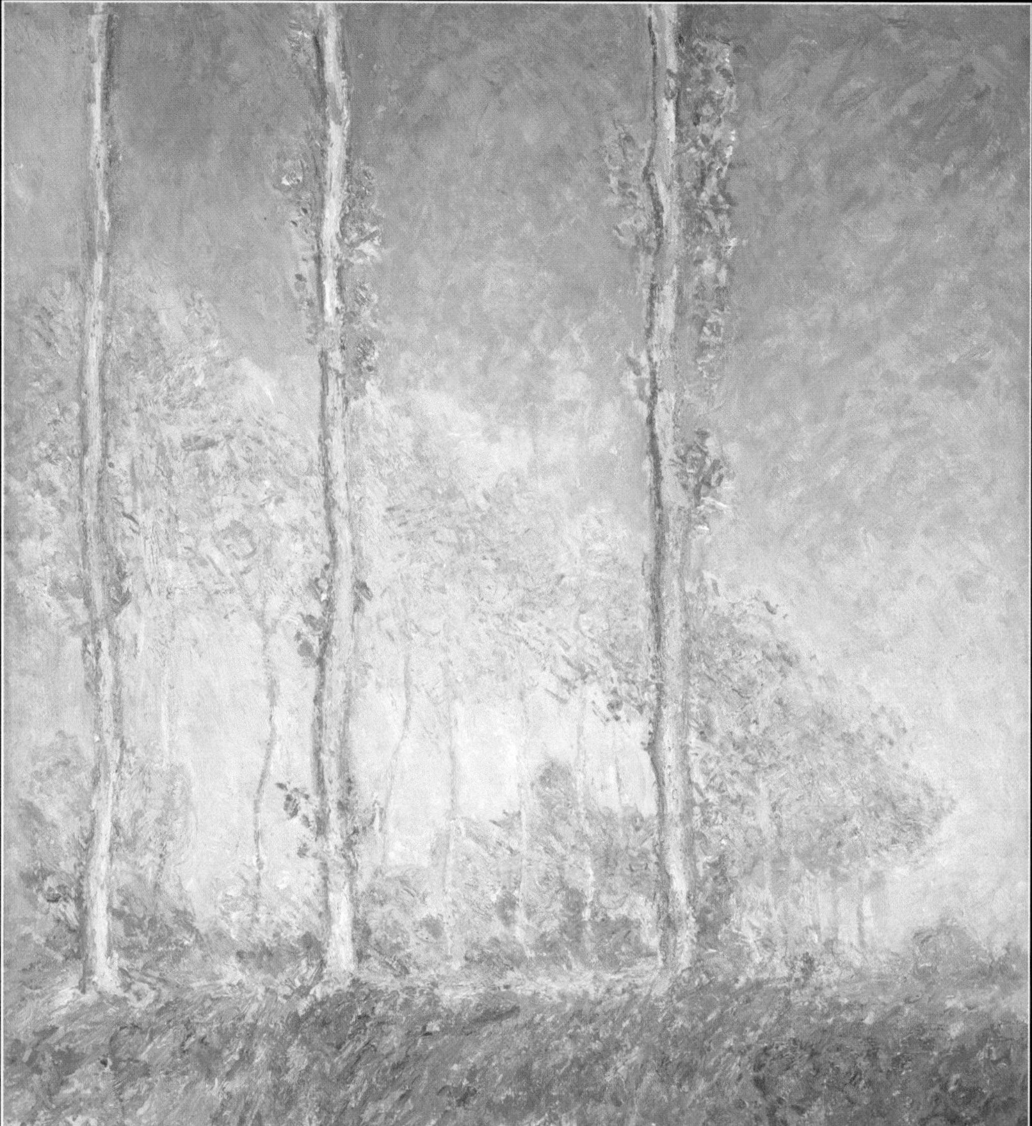

가을, 세 그루의 포플러나무

The poplars, Three trees, Autumn

클로드 모네, 1891

캔버스에 유화
93 × 74.1 cm(36 5/8 × 29 3/16 in)
필라델피아 미술관 체스터 데일 콜렉션, 1951년

장식적인 아름다움을 지닌 포플러나무

1890년, 모네는 지베르니에서 임대하여 살고 있던 주택을 구입할 수 있게 되었다. 1891년 5월에 건초더미 연작으로 비평가들의 호평을 받게 되면서 상당한 매출을 올릴 수 있었다. 이때부터 모네는 연작에 집중하며 집 근처에서 작업을 했다. 지베르니와 경계를 이루는 작은 강에 자신의 스튜디오 보트를 띄워놓고 강둑에 늘어선 포플러나무를 주제로 24점이나 그렸다. 강가를 따라 춤추는 듯 구불구불한 나무의 형상과 수면에 반사된 모습을 담고 있다. 그리고 같은 간격으로 늘어선 나무들이 저 멀리 곡선으로 줄지어 서 있는 모습이 운치를 더한다. 이 천연 아라베스크 디자인은 당시 프랑스 장식예술에서 인기를 얻고 있던 아르누보 Art Nouveau 스타일을 연상시킨다. 평면적인 구성과 대상이 그림 밖으로 잘려나간 구도를 담은 이 모험적인 작품은 모네가 좋아하던 일본 목판화의 영향을 받았음을 보여준다.

마찬가지로 모네는 이 연작을 위해 하루 중 각기 다른 시간, 다른 계절에 작업을 했지만, 이번에는 인간이 만든 문제에 봉착하게 되었다. 프랑스에서 포플러 나무는 일반적으로 방풍과 목재로 재배되는데, 모네가 연작을 하고 있는 도중에 그가 그리고 있던 나무들이 곧 잘리게 될 거라는 소식을 접하게 되자 그는 깜짝 놀랄 수밖에 없었다. 결국 그는 그 나무들을 사들였고, 나중에 그림이 완성되고 나서 목재상에게 팔았다.

모네는 건초더미와 포플러 연작을 작업하면서 일련의 그림들을 단일 단위로 작업해야겠다는 생각으로 나아갔다. 야외에서 작업한 그림을 지베르니에 있는 작업실로 가져가 줄지어 세워놓고 시간의 흐름대로 조정한 다음, 각 그림을 다음 그림과 연결되게 완성 지었다. 하나의 부분이면서 조화로운 전체인 이 그림들은 미술에 대한 새로운 접근이었다. 각 그림의 찰나의 순간들이 연작의 형식으로 모여 시간의 흐름을 보여준다. 전시회 전에 판매된 그림은 없었다. 모네는 그 그림들을 하나씩 개별적으로 팔 생각이 별로 없었다.

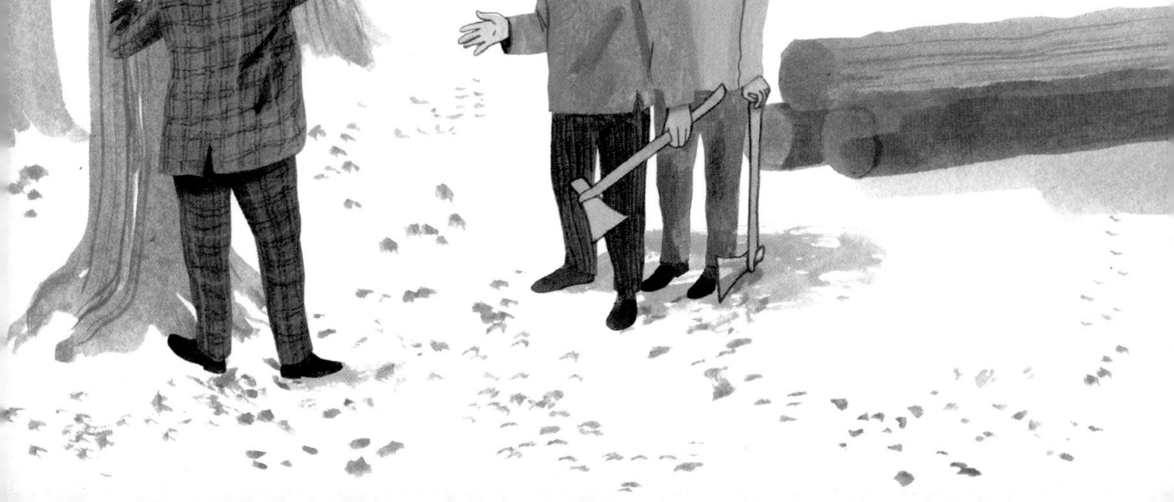

루앙 대성당

"골치 아픈 이 대성당은 정말 그리기가 힘이 드는구려!" 모네가 알리스에게 투덜거렸다. 그는 루앙에 살고 있는 동생을 방문했다가 이 주제를 선택했고, 1892년부터 1894년까지 가장 좋은 구도와 이상적인 날씨를 찾으며 루앙 대성당을 그리는 데 전념했다. 그는 원하는 전망을 얻기 위해 루앙 대성당 건너편 2층에 방을 빌렸고 종일 그곳에 틀어박혀 시시각각 변하는 빛을 포착하고 햇빛의 효과를 관찰하며 동일한 모티브를 30점이 넘게 그렸다. 사실 이 연작에서 대성당의 형태는 중요하지 않았다. 여기서 중요한 것은 빛에 따라 달라지는 색채의 변화였다. 그는 이 연작에 대해, "선이나 윤곽을 쓰지 않고 구성하고 싶다."고 말했다. 실제로, 이 웅장한 건물은 앞으로 나온 부분은 따뜻한 느낌의 분홍색으로, 뒤로 멀어지는 부분은 차가운 느낌의 푸른색으로 표현된다. 또한, 특별한 질감을 주기위해 물감을 매우 두껍게 바르는 임파스토impasto 기법으로 작업하여 단단한 돌의 느낌을 나타낸다. 전체적으로 작품은 불분명함과 선명함, 조화와 대비의 모순된 혼합이다. 그 효과는 숭고하다. 종교적이지 않고도 영적이고, 애국심을 드러내지 않고도 프랑스 고딕 건축물의 아름다움에 대한 예찬이 스며있다.

루앙 대성당 연작이 뒤랑뤼엘의 갤러리에 전시되었을 때, 비평가들과 동료 작가들로부터 큰 호평을 받았다. 세잔은 통찰력 있게 논평했다. "신중하게 계획하고 가장 오묘한 효과를 내기위해 노력한 결연한 사람의 작품이다." 그림은 건초더미와 포플러 가격의 다섯 배가 넘는 값에 판매되었다. 무엇이 그들을 그렇게 매료시켰을까? 그것이 종교와 애국심이 담긴 주제였기 때문일까? 아니면 모네가 당대 최고의 지도자 격 예술가로서 확고하게 자리매김을 했기 때문일까?

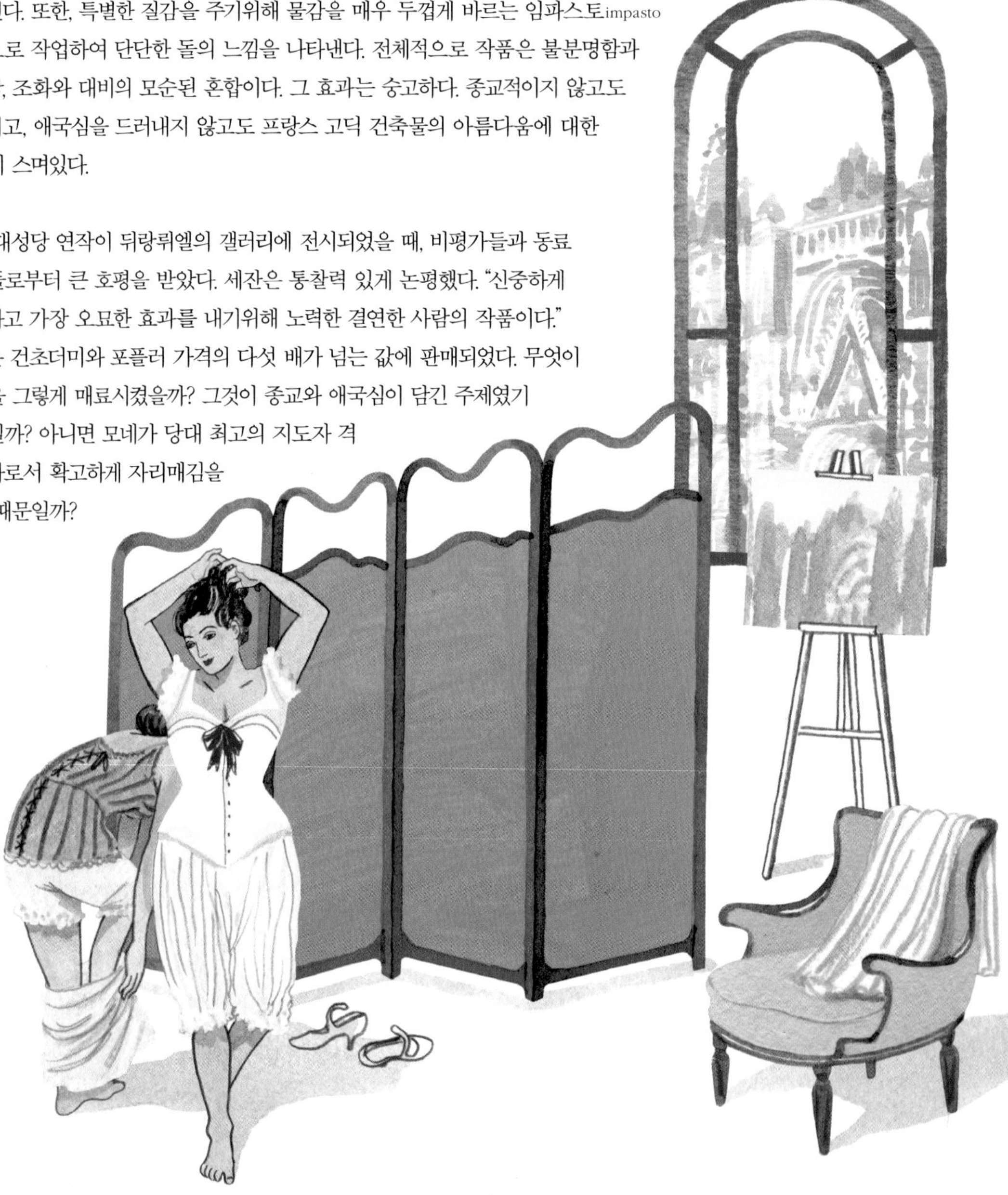

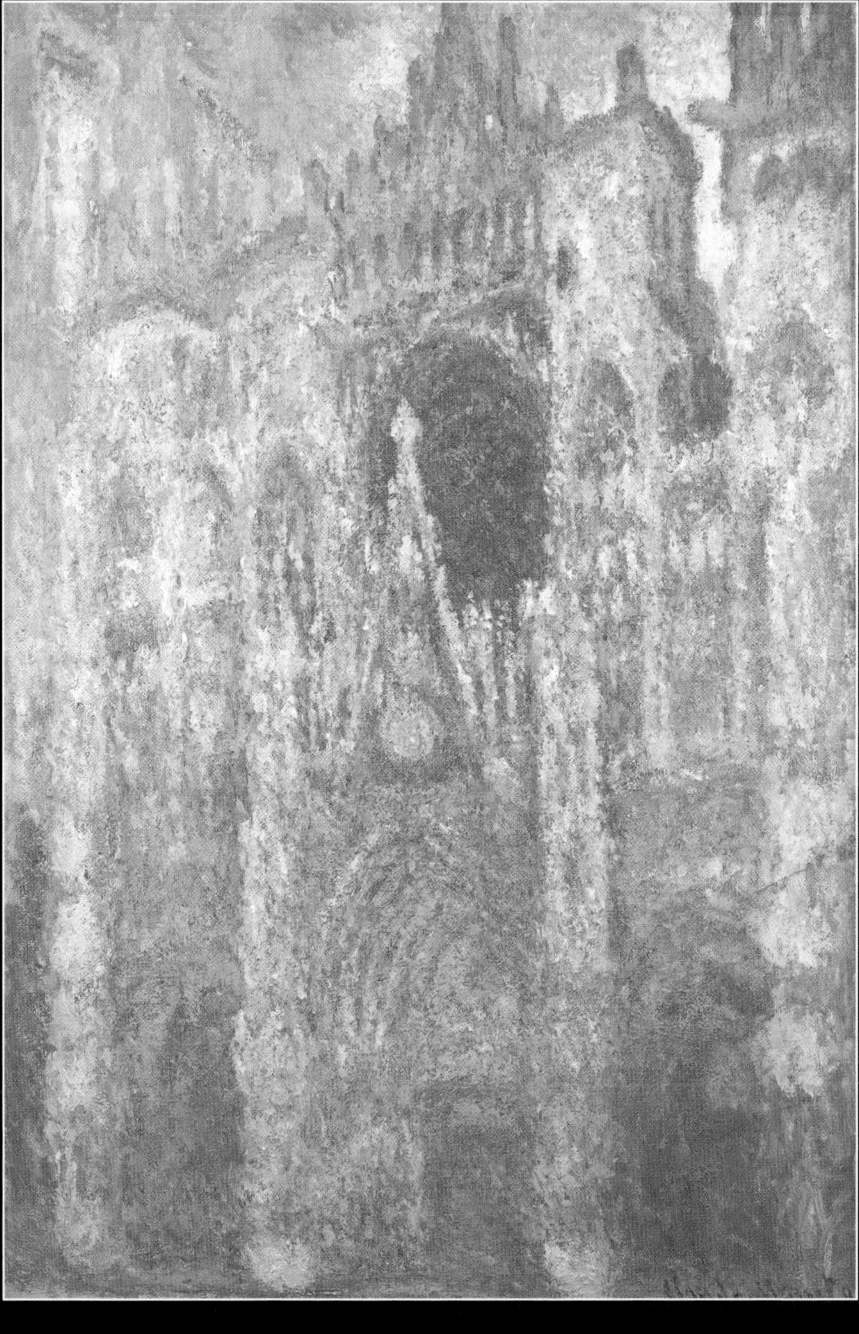

아침 햇살의 루앙 대성당, 블루와의 조화

Rouen Cathedral, Portal, Morning Sun, Harmony in Blue

클로드 모네, 1893

캔버스에 유화
92,2 × 63 cm(36⅜ × 24¾ in)

지베르니의 정원

1890년, 모네는 지베르니에 집을 산 후 그곳에서 많은 시간을 보내며 스튜디오 공간을 꾸몄는데, 특히 정원 가꾸기에 온갖 정성을 쏟았다. 1893년에는 부지를 더 매입하여 일본식 아치형 다리를 얹은 백합 연못을 꾸몄다.

에르네스트 호슈데Ernest Hoschedé가 사망하고 1년이 흐른 1892년에 모네는 알리스Alice와 결혼을 했다. 그는 불어난 재산과 안정된 가정의 평온을 즐기며 아름답고 고요한 안식처에 푹 빠져 지냈다.

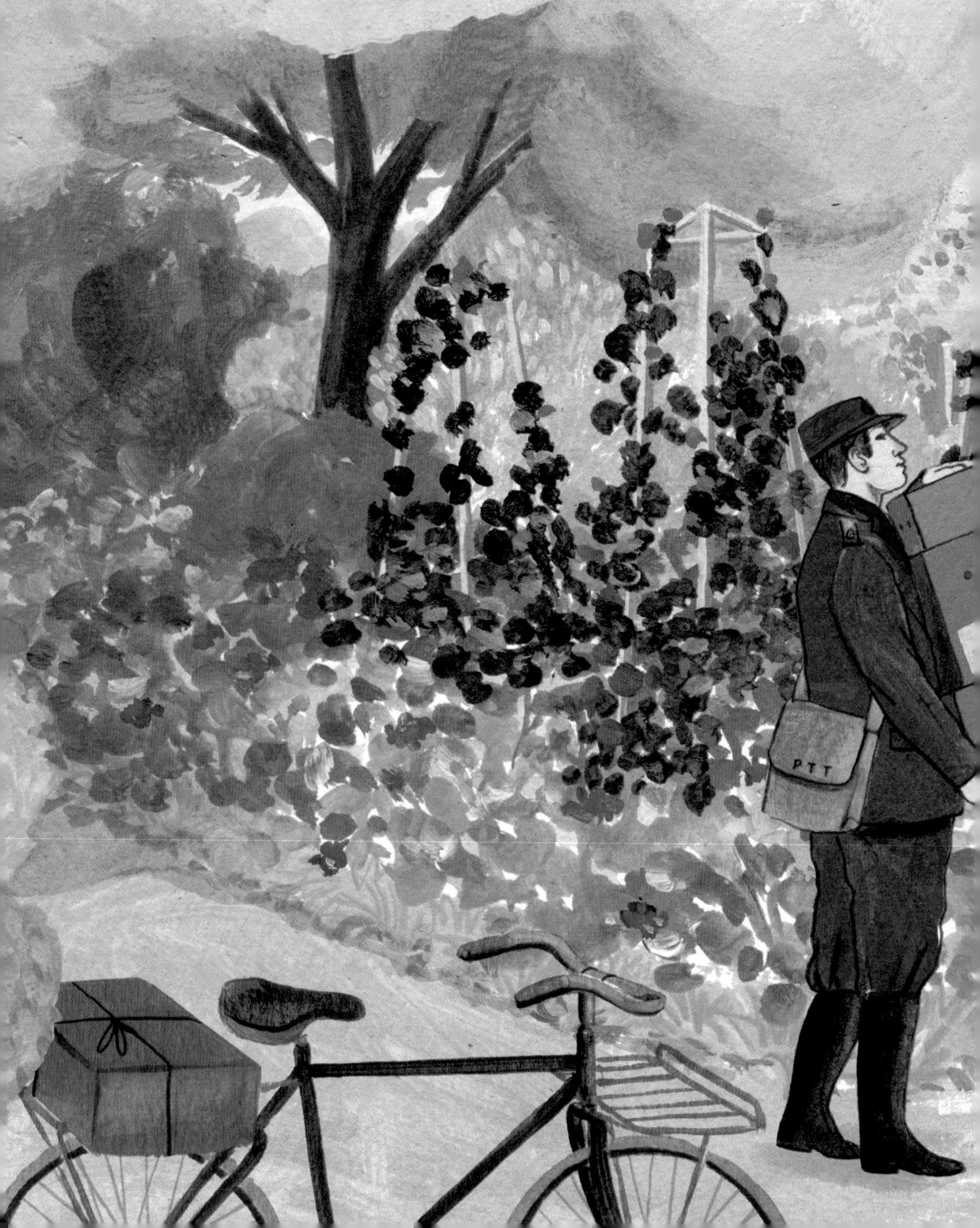

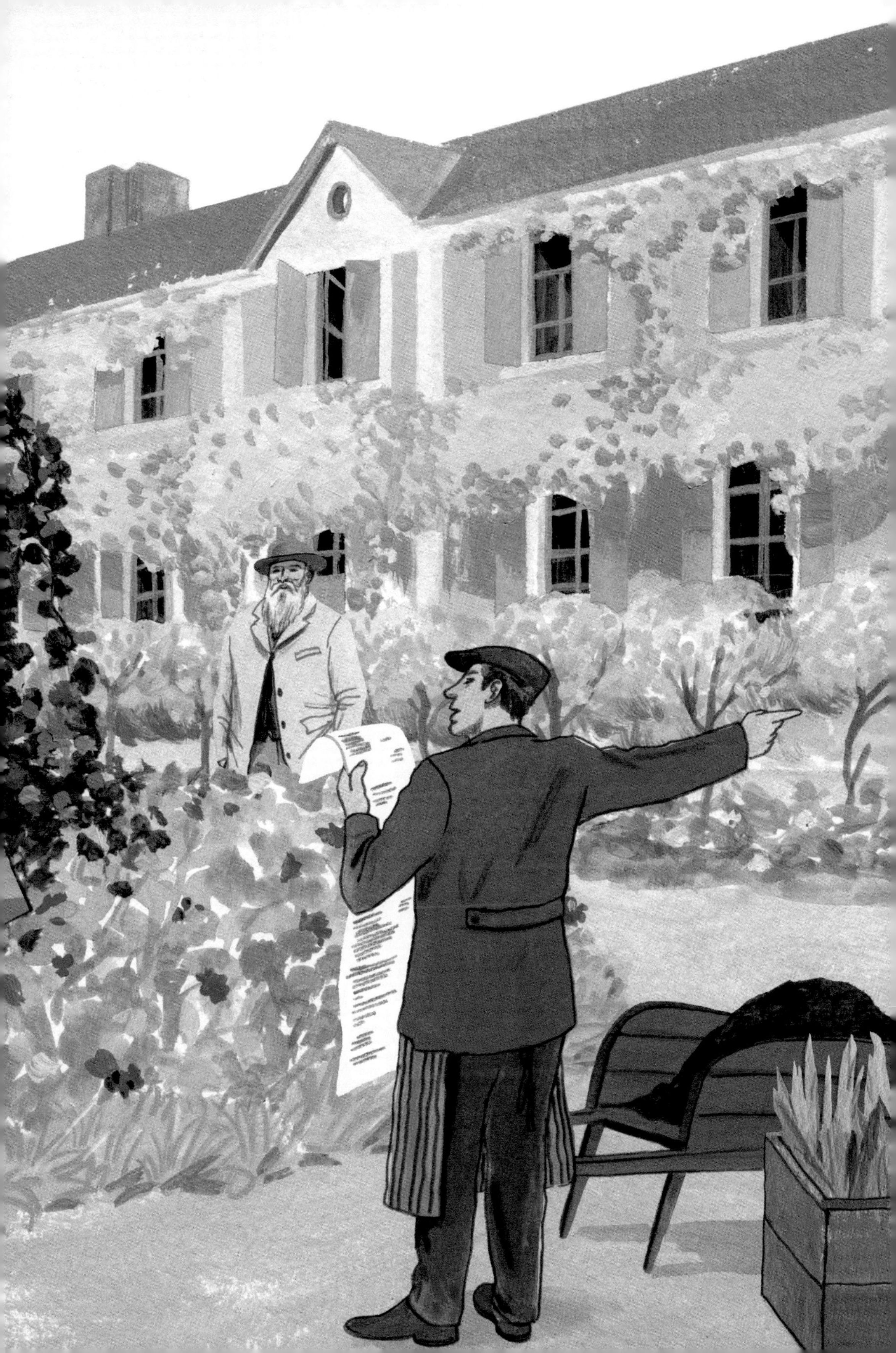

'대상을 둘러싼 대기의 변화가 진정한 가치를 부여하다.'

모네는 지베르니에서 많은 시간을 보내면서 훨씬 더 쉽게 그림을 그릴 수 있게 되었다. 현지의 풍경은 친숙했고 그의 작업실과도 아주 가까운 거리였다. 이제 오십대가 된 남자가 대상을 찾아다니느라 힘들게 고생하지 않아도 되었고 모티브를 선택하는 데 더 이상 시간을 낭비하지 않아도 되었다. 게다가 일 년 동안 작업하면서 변화무쌍한 날씨에 방해받지 않아도 되었다. 그러나 모네는 센 강의 여름 일출을 담아내기 위해 새벽 3시 30분에 일어나는 등 계속해서 자신을 밀어 붙였다. 모네는 1896년에서 1897년 사이에 이 풍경으로 〈센 강의 아침Mornings on the Seine〉 연작을 만들었는데, 각 캔버스에는 태양이 떠오름에 따른 빛과 대기의 변화과정을 기록했다. 모네는 이 작품들을 스튜디오 보트에서 그렸다. 그림은 수면 위에 반사된 부드러운 나무 형상을 비추는 새벽빛의 다채로운 빛깔을 보여준다. 모네는 이 연작의 안개가 자욱한 풍경이 프랑스 풍경화의 창시자인 클로드 로랭Claude Lorrain 1600-82과 카미유 코로Camille Corot 1796-1875의 것과 유사하다는 것을 분명 알고 있었을 것이다.

〈지베르니 부근의 센 강변Branch of the Seine, near Giverny〉의 인물 없이 하나의 모티브에 중점을 두고 그린 방식은 모네의 후기 작품에서 볼 수 있는 전형적인 화풍이다. 대신에, 그는 자연에 강조를 두었는데, 특히 추상적이고 시詩적인 느낌을 강조하였다. 특이하게 정사각형 캔버스를 사용했는데, 캔버스의 절반을 수평선이 차지한다. '실제의 것'과 그 반영이 거의 정확하게 대칭을 이룬다. 그림을 거꾸로 돌려보아도 거의 똑같아 보일 것이다. 이 명상적인 평온함을 방해하는 것은 없다. 물감의 질감도 더 부드럽고 균일하다. 모네의 불가지론agnosticism, 不可知論(초경험적인 것의 존재나 본질은 인식 불가능하다는 철학상의 입장)에도 불구하고, 프랑스 상징파 시인 스테판 말라르메Stéphane Mallarmé가 말한 신의 '신비로움'에 대한 탐구, 또는 피사로의 '구원은 자연 속에 있다'는 말이 그림에서 느껴진다.

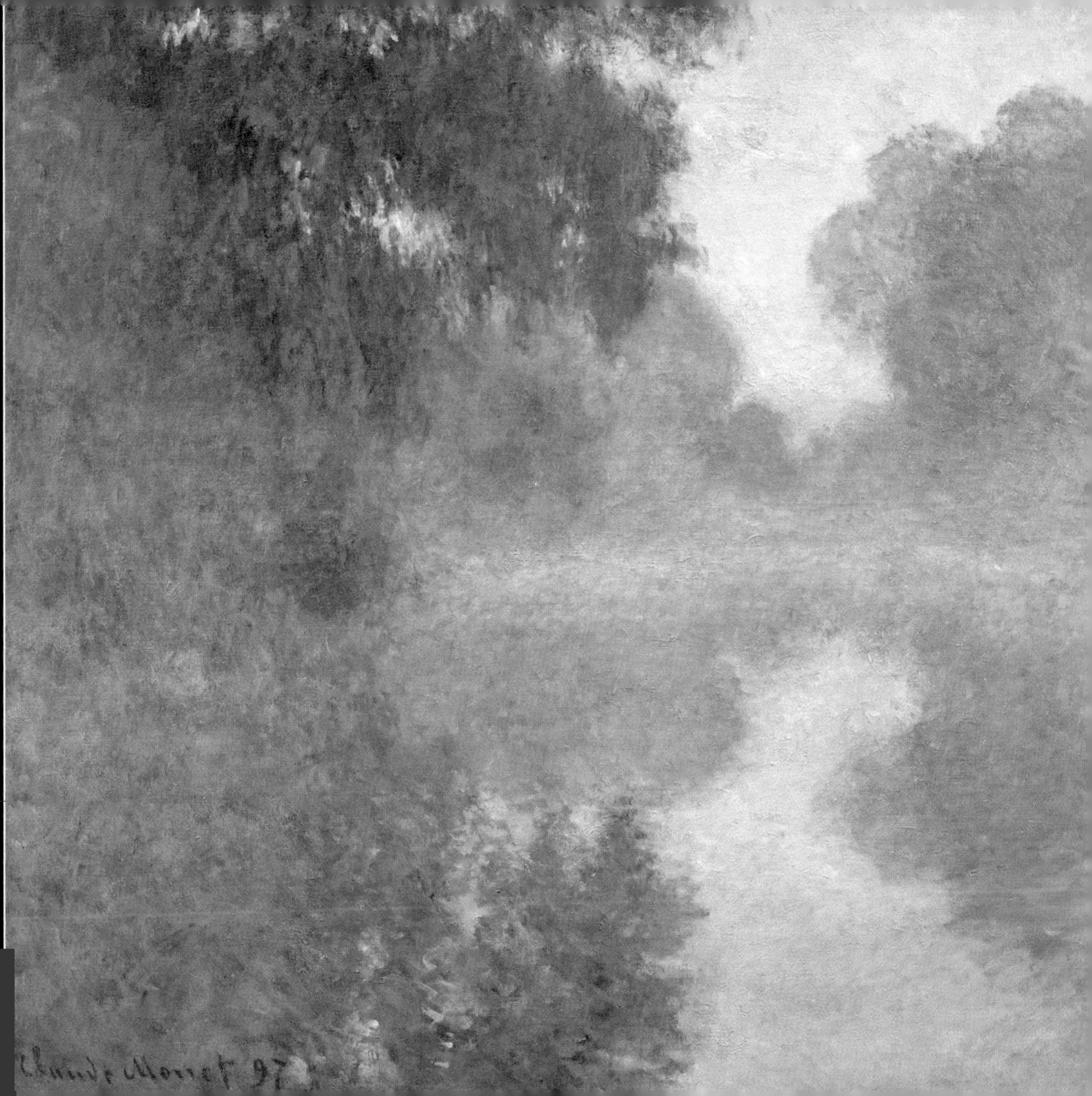
Claude Monet 97

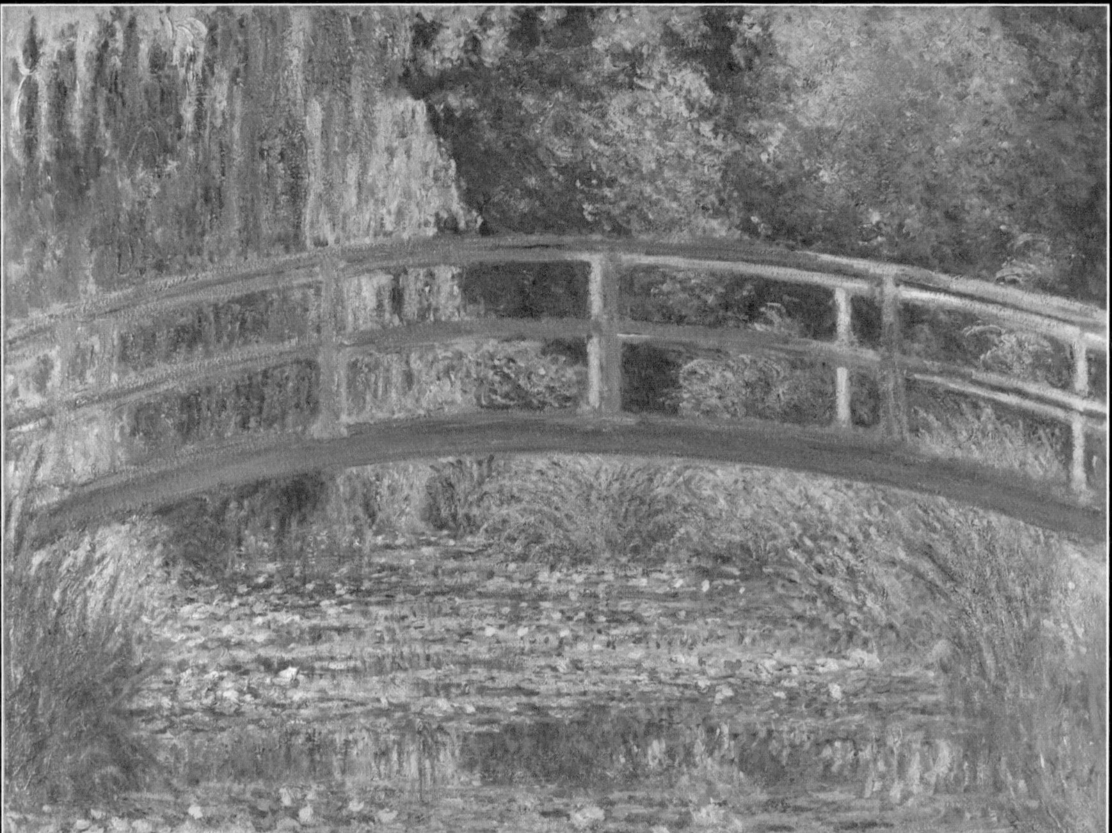

수련 연못

The Water Lily Pond

클로드 모네, 1899

캔버스에 유화
88.3 × 93.1 cm(34¾ × 36⅝ in)
내셔널 갤러리, 런던

지역의 유명인사

모네는 지베르니 마을 인근에 공장 건물이 들어서는 것을 막기 위해 부지를 매입하였고, 이 일로 유명인사가 되었다. 그는 또한 장학금과 운동장을 위해서도 기금을 지원했다. 모네는 이런 선행 덕에 시장의 지지를 받았고, 결과적으로 시장은 모네의 백합 연못에 물을 공급하기 위해 지역 하천의 물줄기 방향을 바꾸는 것에 대한 주민들의 불만을 묵살해주었다.

세기의 전환

"너무나 고통스럽고 상심이 크다… 하지만, 나는 강해야 하고 사랑하는 사람들을 위로해야 한다." 1899년 알리스의 딸이자, 그가 가장 좋아했던 모델 수잔Suzanne이 긴 투병 끝에 35세의 나이로 사망했을 때 모네가 쓴 말이었다. 알리스는 극심한 상심에 빠져있었다. 모네는 그녀 옆에 머물며 새싹이 움트고 있는 그의 정원에 앉아 그림을 그리기 시작했다. 이 당시, 마침내 그의 연못에 백합이 자리를 잡았고, 등나무는 일본풍의 아치형 다리를 가로질러 퍼져나가고 있었다. 그것은 모네에게는 억누를 수 없는 유혹이었다. 1899년에서 1900년 사이에 모네는 18점의 다리 이미지를 그렸다. 그중 대부분이 〈센 강의 아침the Mornings on the Seine〉 연작처럼 정사각형 프레임과 대칭구도를 사용한다. 그러나 이제 모티브에 더 가까이 다가가는 방식으로 시야가 축소되고 공간이 더욱 압축되며, 넓적한 잎사귀, 다리, 나뭇잎들이 어우러져 녹색의 띠를 이루며 수평구도를 나타낸다. 버드나무 그늘이 진 이 다리 위에 서서 고요하고 조화로운 물을 조용히 감상하고 있는 우리의 모습을 상상해 본다.

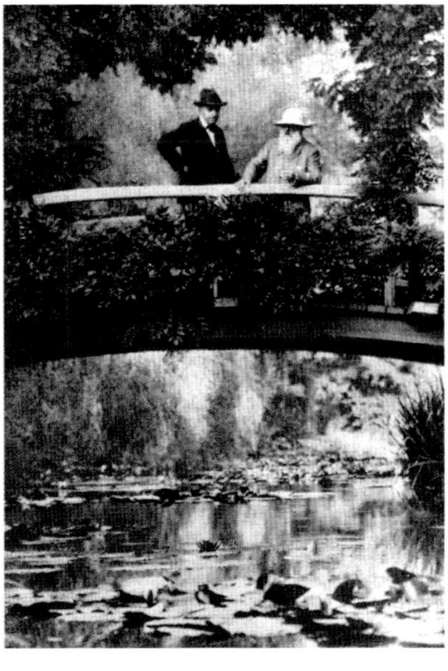

1921년, 지베르니의 일본식 다리에 함께 서 있는 모네와 그의 친구이자 정치가인 조르주 클레망소의 모습

제1차 세계대전 중 프랑스 정부를 이끌었던 클레망소는 1890년대부터 줄곧 모네와 가깝게 지냈다.

안개 낀 런던의 풍경

1899년부터 1901년까지 세 번의 겨울 동안, 모네는 템스 강이 흐르는 런던 풍경을 거의 100점 가까이 그렸다. 영국 예찬자인 모네는 잇따른 연작의 성공으로 풍요로워지자 두 아들 모두를 영국으로 유학을 보냈다. 또한 트위드 옷과 차를 즐겼고 영국 귀족들과 식사하는 것을 좋아했다. 런던에 있을 땐, 영국적인 멋이 깃든 런던 최고급 호텔 사보이Savoy의 넓은 방에 머물렀는데, 창밖으로 템스 강의 아름다운 풍경이 보이는 곳이었다.

고요한 회색빛 대기와 잔잔한 템스 강의 전망을 담아낸 이 그림들은 그가 존경하는 예술가 조지프 말로드 윌리엄 터너J.M.W Turner와 제임스 맥닐 휘슬러James McNeill Whistler의 템스 강을 연상시키는데, 사실 이 연작의 주제는 건축물이 아니라 대기였다. 산업용 용광로에서 나오는 석탄연기로 인한 런던의 채색된 안개마저도 모네에겐 매력으로 다가왔다.

그러나 공해로 인해 가려진 빛의 효과를 포착하며 런던에서 작업하기란 쉽지 않았다. 그는 "이 나라는 현장에서 그림을 완성할 수 있는 곳이 아니군. 이놈의 날씨가 도통 다시 나타나질 않네!"라며 불평했다. 1904년에 모네는 거의 추상화나 다름없는 런던 그림 37점을 전시했다. 그리고 그는 이렇게 말했다. "내가 마지막까지 어떤 고생을 겪었는지 아무도 짐작하지 못할 걸세!" 하지만 그림은 큰 성공을 거두었다.

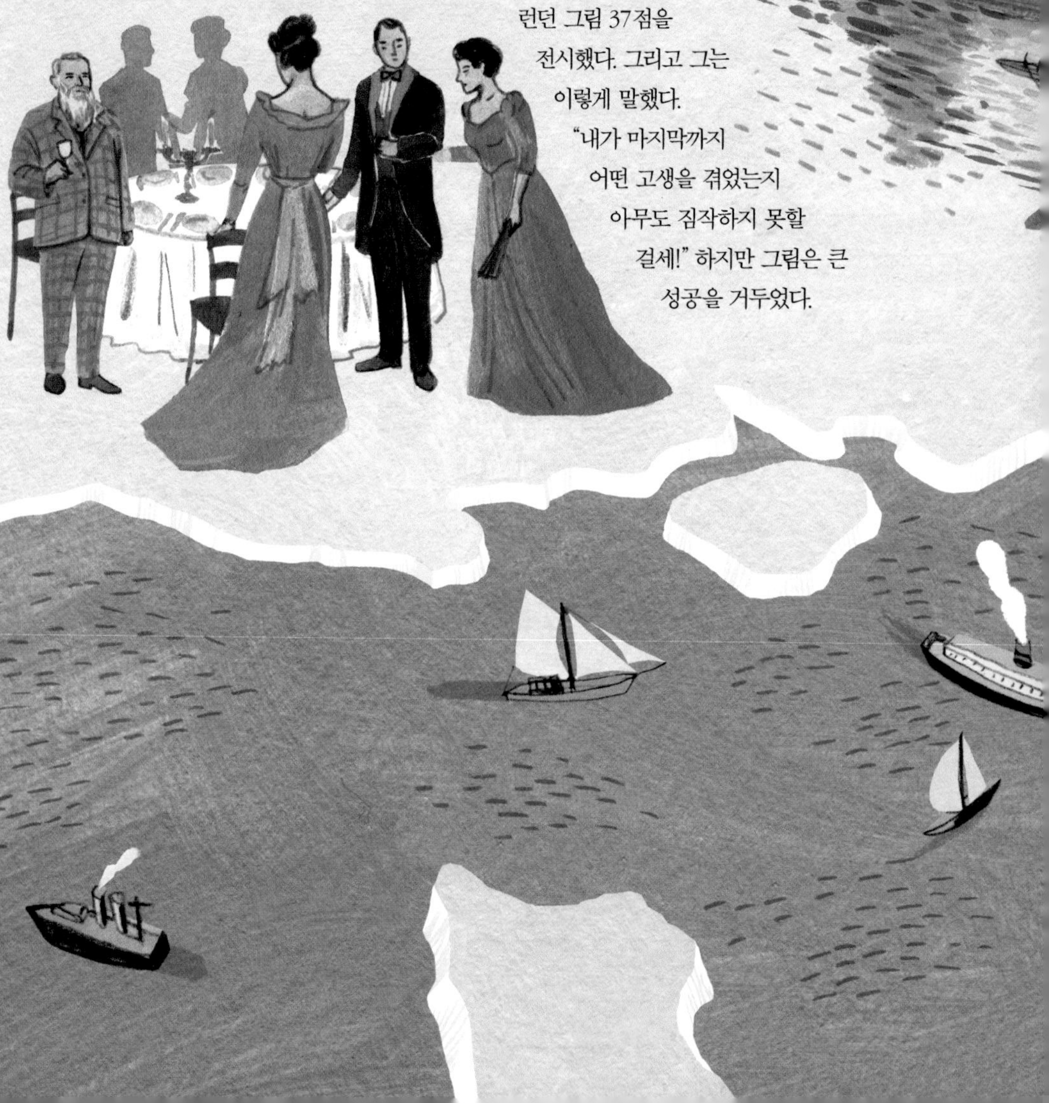

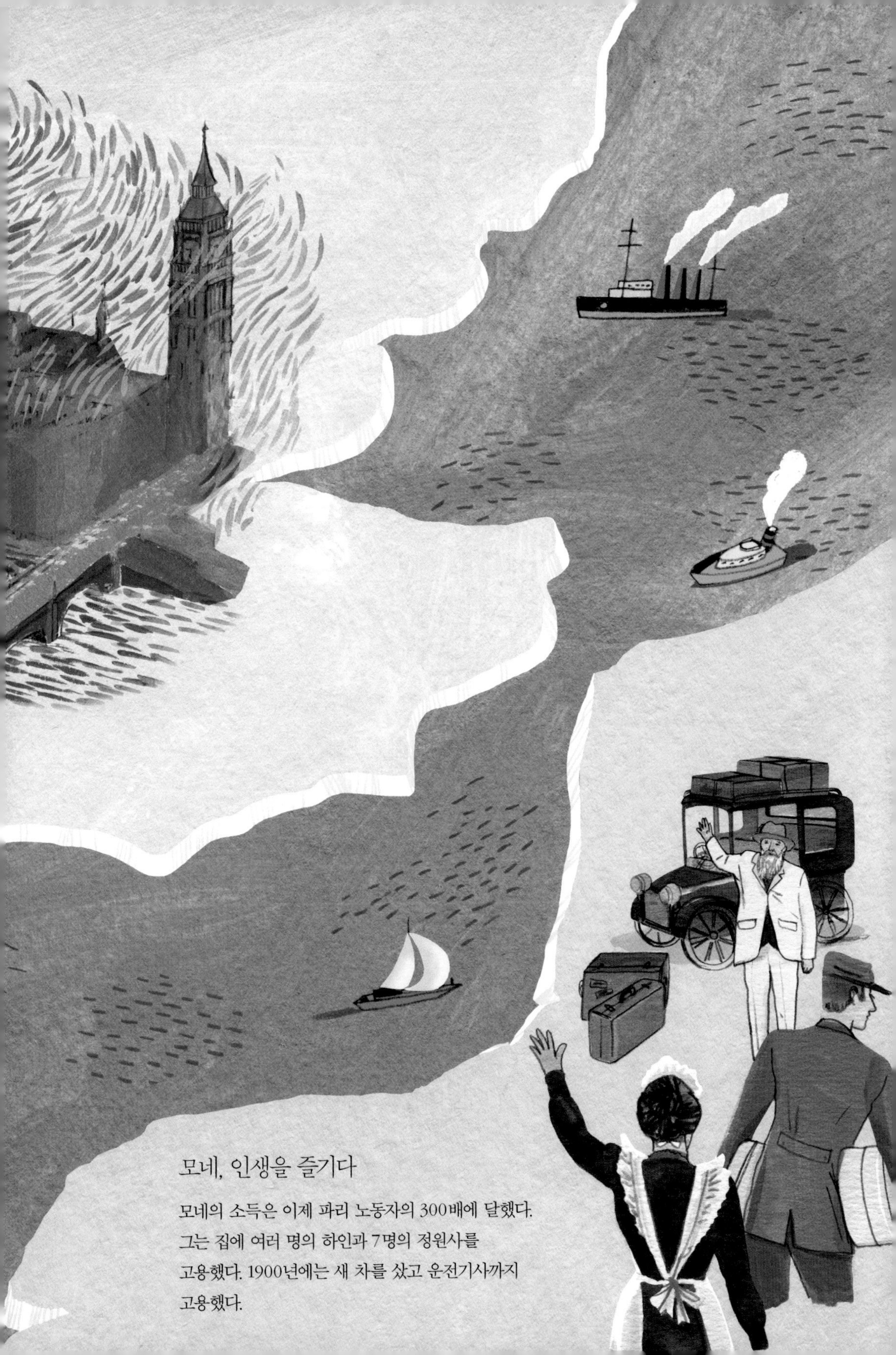

모네, 인생을 즐기다

모네의 소득은 이제 파리 노동자의 300배에 달했다. 그는 집에 여러 명의 하인과 7명의 정원사를 고용했다. 1900년에는 새 차를 샀고 운전기사까지 고용했다.

만인의 친구

모네는 명성이 점점 높아졌고 미국, 이탈리아, 독일, 러시아 등에도 출품을 했다. 지베르니를 찾아오는 사람들의 수도 늘어났다. 심지어 그를 추종하는 미국인 예술가들이 마을 근처에 모여 살기도 했다. 이런 성공에도 불구하고, 모네는 평생 동안 가난한 예술가들을 계속 지원했다. 피사로에게 돈을 빌려주었고, 시슬레가 죽고 난 뒤에는 그의 가족들을 돌봤다. 세잔이나 베르트 모리조Berthe Morisot와 같이 어려움에 처한 친구들에게서 그림을 사 주었고, 마네와 귀스타브 카유보트Gustave Caillebotte의 그림을 국립 화랑에 전시할 수 있도록 도왔다. 유대계 프랑스인 육군 장교 알프레드 드레퓌스Alfred Dreyfus가 반反유대주의자들에게 독일 스파이라는 누명을 쓰고 기소된 사건으로 나라가 떠들썩했을 때, 물의를 일으키면서까지 알프레드 드레퓌스를 변호한 친구 졸라를 지지했다. 게다가, 모네는 풍요로운 생활을 하면서도 상당히 겸손했던 것 같다. 레지옹도뇌르Légion d'honneur 훈장을 거절했으니 말이다.

첫 번째 '수련'

모네의 성공도, 점점 늙어가는 나이도, 그의 왕성한 작품 활동을 막지 못했다. 오히려, 1900년 60세부터 1926년에 죽을 때까지 평소보다 더 많은 그림을 그렸다. 특히, 1903년에 그는 '이젠 강박이 되었다'고 인정하면서 수련 그림에 몰두했는데, 이를 '물에 반사된 풍경화'라고 생각했다. 연못, 다리, 백합, 각종 수초들로 정성들여 꾸민 인공조경은 그의 초기 바다 풍경화에서 볼 수 있는 자연적인 원시의 힘과는 거리가 멀다. 대신 모네는 통제된 차분함에 중점을 두고 그 구성과 형태를 실험하고 있었다(심지어 그는 원형 프레임의 그림도 만들었다). 무엇보다도 이 그림들은 거꾸로 된 세계를 특징으로 한다. 모든 것이 수평선 아래에 있고, 수면에 반사된 풍경을 보여준다. 이를 담아내기 위한 관점도 역시 이례적이다. 그는 연못 가장자리에 배를 대고 누워 물 위를 가로질러 보며 작업했을 것이다.

1909년에 모네는 48개의 수련 연작을 전시했고, 그림은 널리 찬사를 받았다. 한 비평가는 "그 누구도 이런 것은 본 적이 없을 것이다… 과장되어 보이지 않으면서도 표현하기 힘들 정도로 아름답다."라고 썼다.

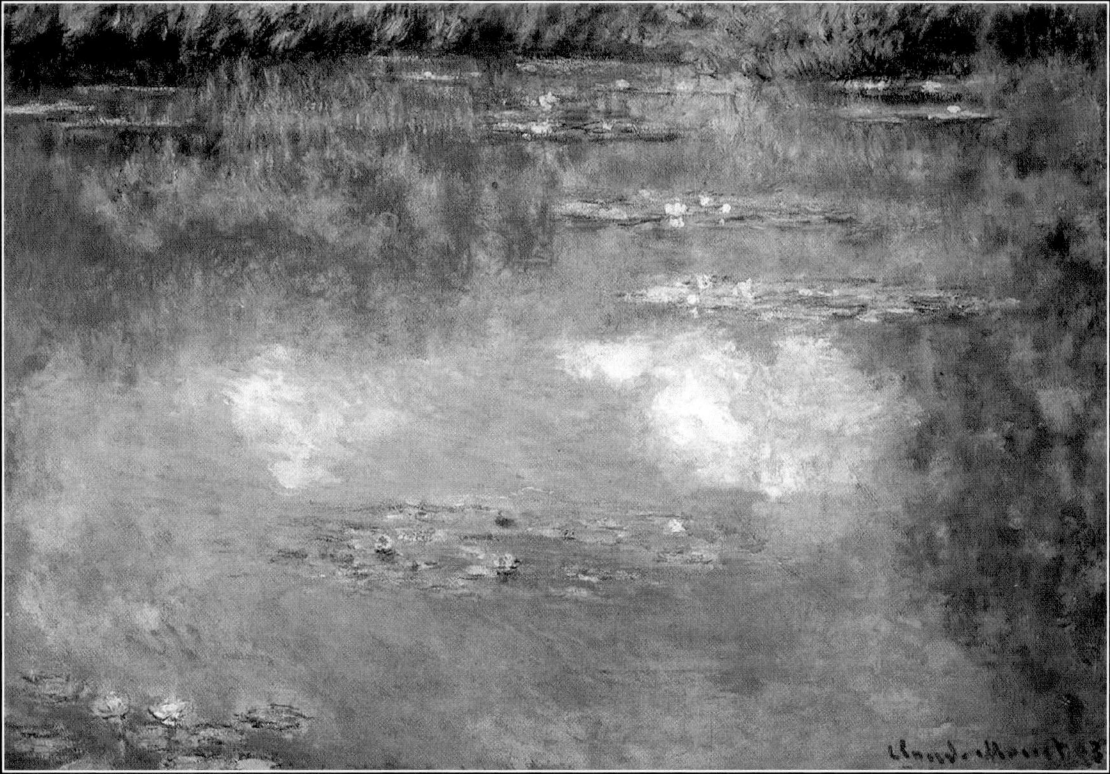

수련(구름)

Water lilies (The Clouds)

클로드 모네, 1903

캔버스에 유화
74.6 × 105.3 cm(29⅜ × 41½ in)
개인 소장

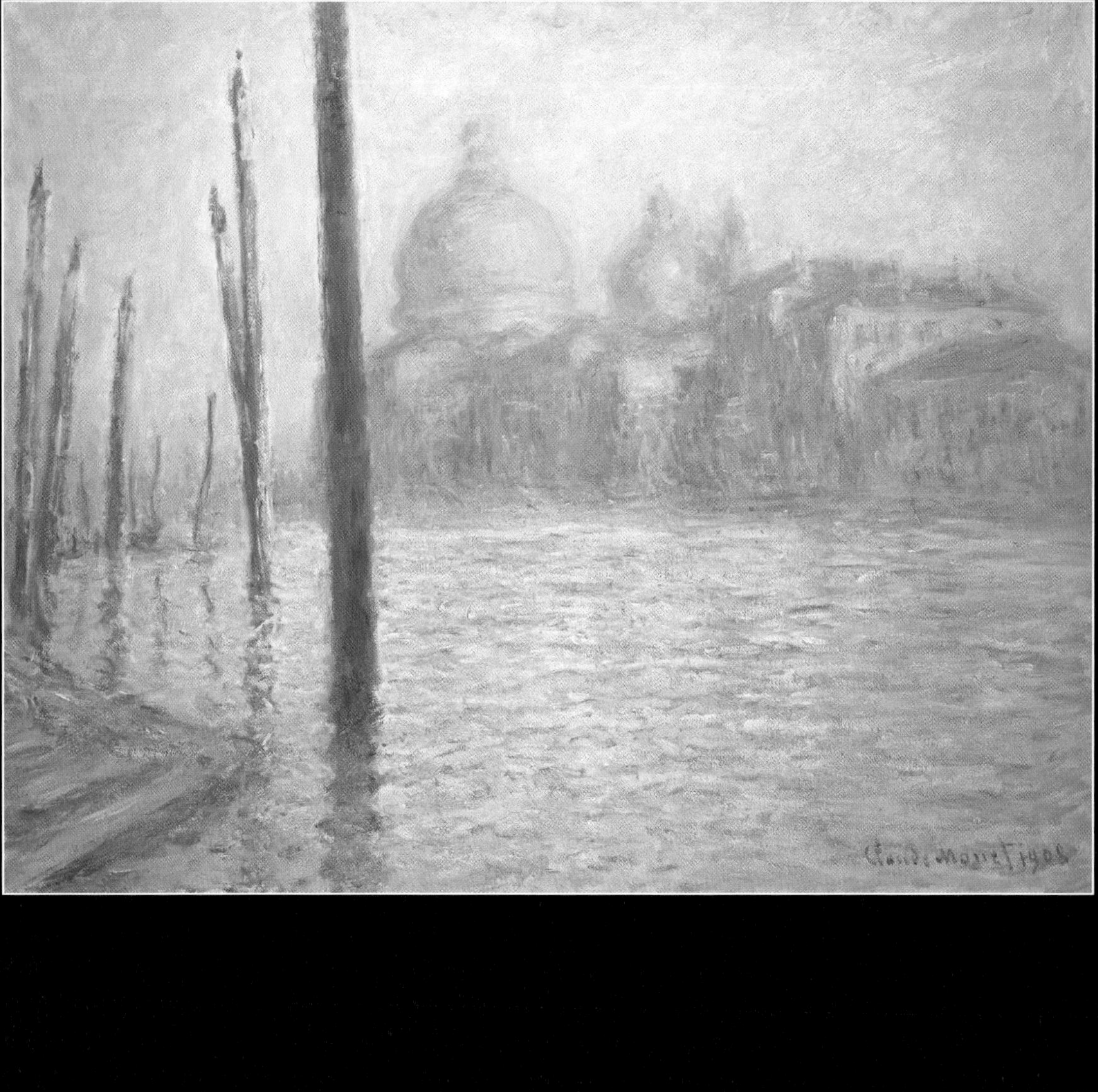

베니스의 산타 마리아 델라 살루테
Santa Maria della Salute, Venice

클로드 모네, 1908

캔버스에 유화
73.5 × 92.5 cm(29 × 36⅜ in)
개인 소장

'베니스가 그를 놓아주지 않다!'

1908년, 웬일로 모네가 알리스에게 함께 베네치아로 그림여행을 떠나자고 했다. 그녀는 참으로 기뻤다. "그가 힘들어 할까봐 그것만이 내 유일한 걱정이다. 이곳에서 남편과 함께 보낸 며칠은 내게 잊을 수 없는 시간이었다. 그의 붓이 가는 곳마다 우린 함께했다." 모네는 알리스와 함께 관광을 하며 곤돌라에서 그림을 그리는 기회도 가졌다. 이로 인해 그림 밖으로 대상이 잘린 구도와 낯선 각도에서 바라본 놀라운 전망도 얻을 수 있었다. 그럼에도 불구하고, 여느 때처럼 그는 이 새로운 주제를 처음 탐험하면서 어려움을 겪었고, '그리기엔 너무 아름답다'며 투정을 부렸다. 〈베니스의 산타 마리아 델라 살루테Santa Maria della Salute, Venice〉에서는 따뜻한 기후의 물기 머금은 안개가 반짝이는 분홍빛과 거친 보라색과 함께 어우러진다. 강해보이는 수직 장대와 부드럽게 찰랑이는 파도 뒤쪽으로 낭만적인 돔이 한쪽에 자리 잡고 있다. 런던 연작과 마찬가지로, 모네는 베니스에서 그린 그림들도 집으로 가져와 그의 작업실에서 마무리했다.

1911년 5월, 애석하게도 알리스는 고통스러운 병을 앓다가 세상을 떠났다. 그들은 30년 이상을 함께 했었다. 모네는 큰 슬픔에 빠졌고, 생애에서 유일하게 그림에 대한 어려움을 겪었다. 그는 베니스의 그림을 마무리하는 것을 너무나 주저했다. 함께했던 행복한 시간들이 자꾸만 떠올랐기 때문이었다. 이 그림들은 1912년에 전시되었다. 그러나 거의 2년 동안, 그는 우울함과 회의감에 빠져 겨우 여섯 작품밖에 완성하지 못했다. 그는 뒤랑뤼엘에게 다음과 같이 말했다. "나이와 슬픔 때문에 내 힘이 서서히 빠져나갑니다… 오늘은 그 어느 때보다 많이… 내가 쌓아온 분에 넘치는 명성이 얼마나 인위적인 것인지 깨닫습니다."

베니스의 산마르코 광장에서 모네와 알리스, 1908

마르모탕 모네 박물관, 파리

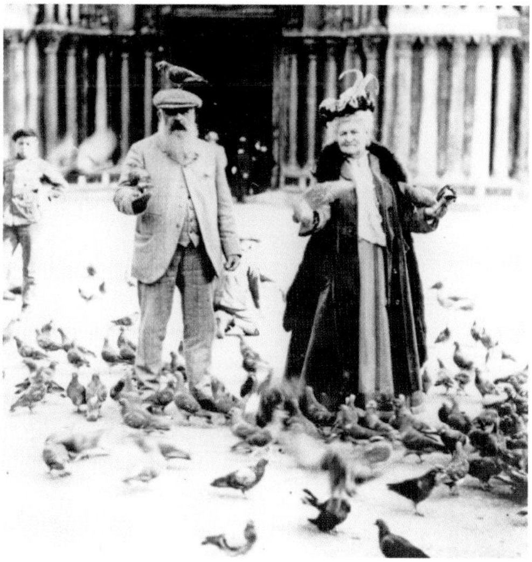

지각력의 변화

모네는 1912년부터 시력이 악화되어 그림 그리기가 어려워졌다. 그는 결국 양쪽 눈에 백내장 진단을 받았고, 사물이 노란 색조로 보이는 것을 보완하기 위해 안약이나 특수 제작된 안경 등 다양한 방법을 통해 치료를 모색했다.

치료로 인해 모네의 시야가 일시적으로 개선될 때마다, 그는 "나는 열심히 작업하고 있다. 아무것도 볼 수 없게 되기 전에 모든 것을 그리고 싶다."며 새삼 조바심을 내며 연못 그리기에 집중했다. 뿐만 아니라, 꽃봉오리가 여문 정원을 이곳저곳 탐험했다. 모네의 시력 문제가 색 지각력뿐 아니라 또렷하게 볼 수 있는 능력에도 영향을 미쳤다는 것은 일부 그림을 보면 알 수 있다. 예를 들어, 등나무로 뒤덮인 일본식 아치형 다리를 그린 1919년부터 1924년까지의 그림들을 보면 채색이 부자연스럽고 노란빛이 주를 이룬다. 두꺼운 칠이 겹겹이 층을 더해갈수록 불분명해지는 형태를 분명히 나타내기 위해 광적인 붓질을 했지만 이는 실패한 노력으로 보인다. 실제로, 어떤 부분은 군데군데 칠이 매우 두꺼워서 마치 캔버스에 물감을 엎지른 것처럼 보인다. 또한 색채가 겹겹이 산더미같이 쌓여 붓으로 깊은 산등성이를 새겨 넣은 것 같아 보이는 부분도 있다. 멀리서 바라봐야 다리인 것을 알아볼 수 있고, 가까이서 보면 물감 칠의 두꺼운 외피가 칠이라기보다는 새겨 넣은 것 같아 보인다. 1923년에 한쪽 눈에 백내장 수술을 받은 후, 모네는 좀 더 분명하게 볼 수 있게 되었다.

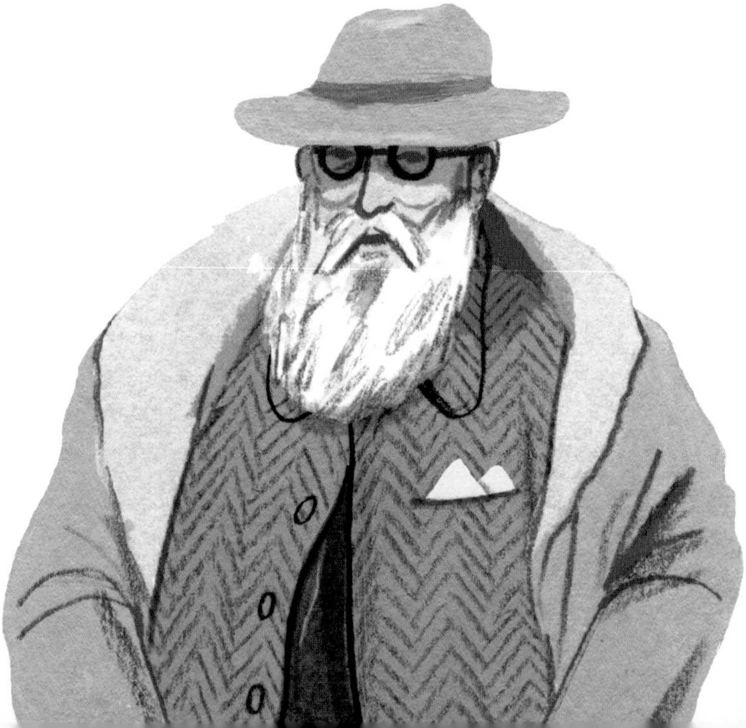

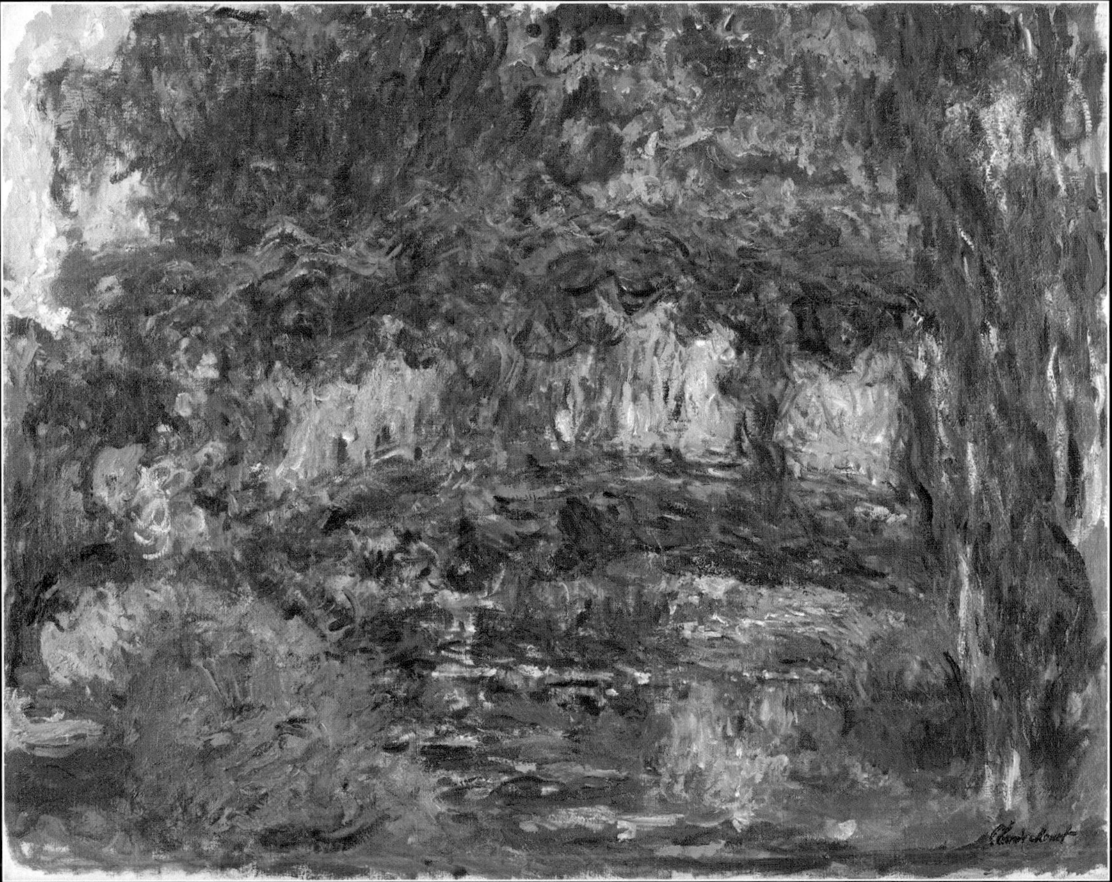

불만족, 그리고 서명하지 않은 그림들

모네는 악화된 시력 때문에 말년에는 그림을 완성하는 데 오랜 시간이 걸렸고, 마무리를 짓지 못하는 경우가 잦아졌다. 그는 항상 자신에게는 최악의 비평가였고, 만족스럽지 못한 작품은 아예 부숴버리기도 했다. 눈이 더 나빠지자, 그는 자신의 판단에 대한 확신이 떨어졌고, 수년간 수시로 자신의 그림을 수정하곤 했다. 게다가, 이젠 재정적으로도 부족하지 않으니 그림을 완성하는 것이 급하지 않았다. 그래서 뒤랑뤼엘이 모네에게 더 많은 그림을 그리라며 보채자, 이에 대한 그의 대답은 '그저 그림을 찍어내는 기계'가 되고 싶진 않다며 "괜찮다고 느껴지지 않으면 결코 팔지 않겠다."고 했다. 하지만 그가 분명히 알고 있는 한 가지는, 그는 그림을 '다듬는 것'을 좋아하지 않지만 완성된 모습과 즉흥적인 모습 간의 완벽한 조화가 항상 쉽지만은 않다는 것이었다. 그래서 많은 예술가들과 마찬가지로, 그는 작품이 확실히 완성되었다는 확신을 갖지 못할 때가 있었고, 확신이 생기면 비로소 작품에 서명을 했다. 그러나 오늘날 대형 미술관들에는 그의 서명이 없는 말년의 많은 그림들이 걸려있다.

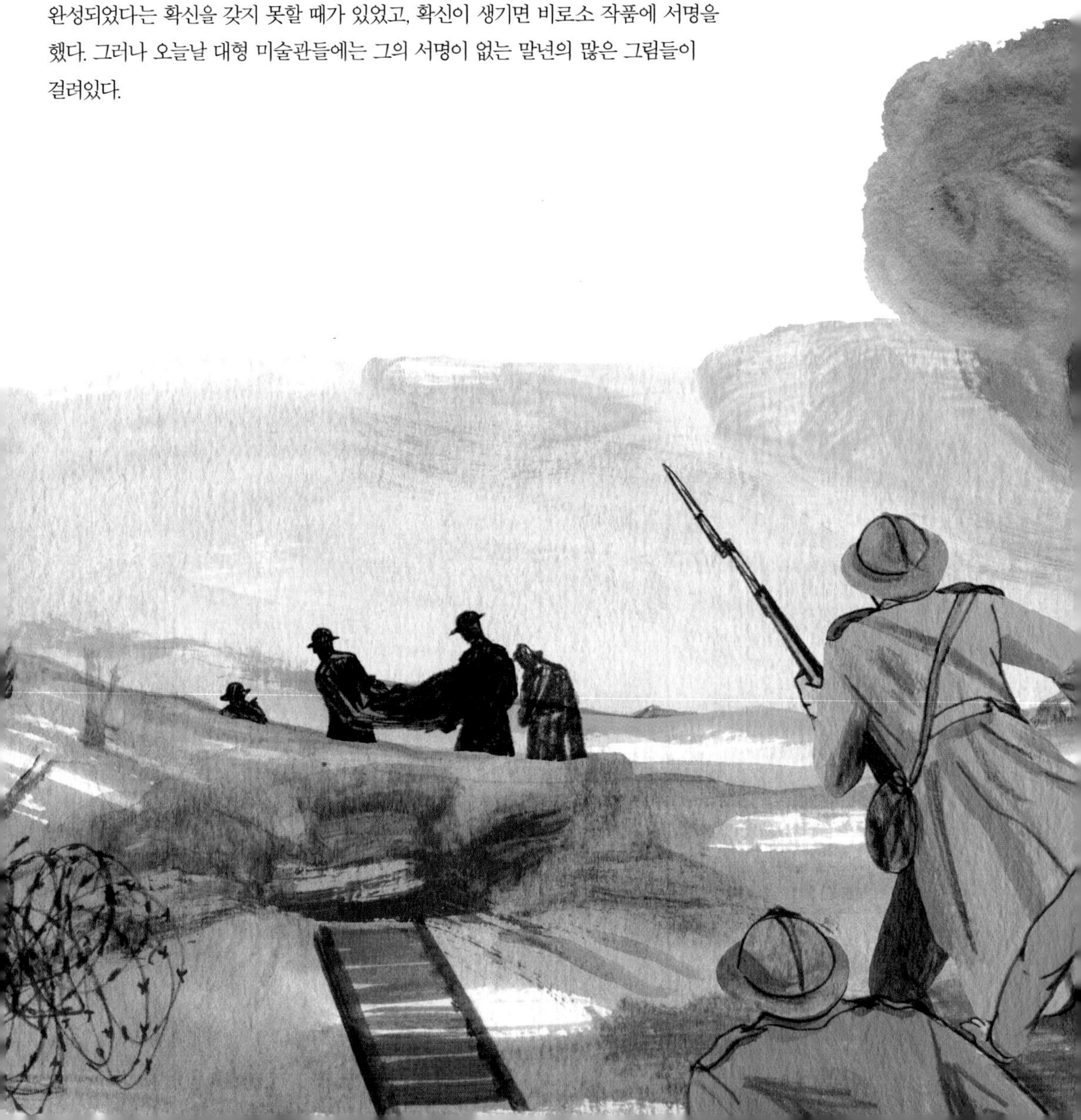

죽음, 전쟁, 그리고 새로운 시작

1909년에 모네의 초기 〈수련Water Lilies〉 전시회가 열렸을 때, 이 연작은 판매가 중단되었다. 친구들과 비평가들은 상설전시회를 만들어 앞으로의 〈수련〉을 전시해야한다고 입을 모았다. 몇 년 후, 개인적으로나 국가적으로 큰 비극을 겪었을 때 이 이야기가 다시 나왔다. 1914년 2월, 모네의 장남 장이 오랫동안 병을 앓다가 죽었다. 그 후 1914년 7월에 제1차 세계대전이 발발했고, 독일군이 지베르니에서 멀지 않은 곳에 주둔하고 있었다. 알리스와 장의 죽음으로 모네는 한동안 활동 없는 상태나 다름없는 기간을 보내고 있었다. 하지만 이상하게도, 전쟁이 그에게 새로운 〈수련〉 연작을 시작하도록 자극을 준 것 같다. 그는 뒤랑뤼엘에게 말했다. "다시 작업을 시작했습니다. 저는 하다가 중도에 그만두는 사람이 아니라는 것쯤은 이미 아시리라 생각합니다. 새벽 4시에 일어나서 하루 종일 작업을 하고 있습니다." 상설전시회를 위해 거대한 수련 그림을 만드는 것. 이것은 지금까지의 작품들 중에서 그의 가장 야심찬 연작이었다. 모네는 1914년부터 1926년까지 12년 동안 거의 100점이 넘는 〈수련〉을 그렸다. 대부분의 그림이 수평 형태이고 너비가 5미터에 달했다. 모네에게는 그 거대한 그림들을 수용할 수 있는 특별한 작업실이 있었다. 그래서 그림들을 바퀴가 달린 거대한 이젤에 붙여서 동시에 여러 개를 작업을 할 수 있었고 서로 어떻게 연관되는지 조정할 수 있었다.

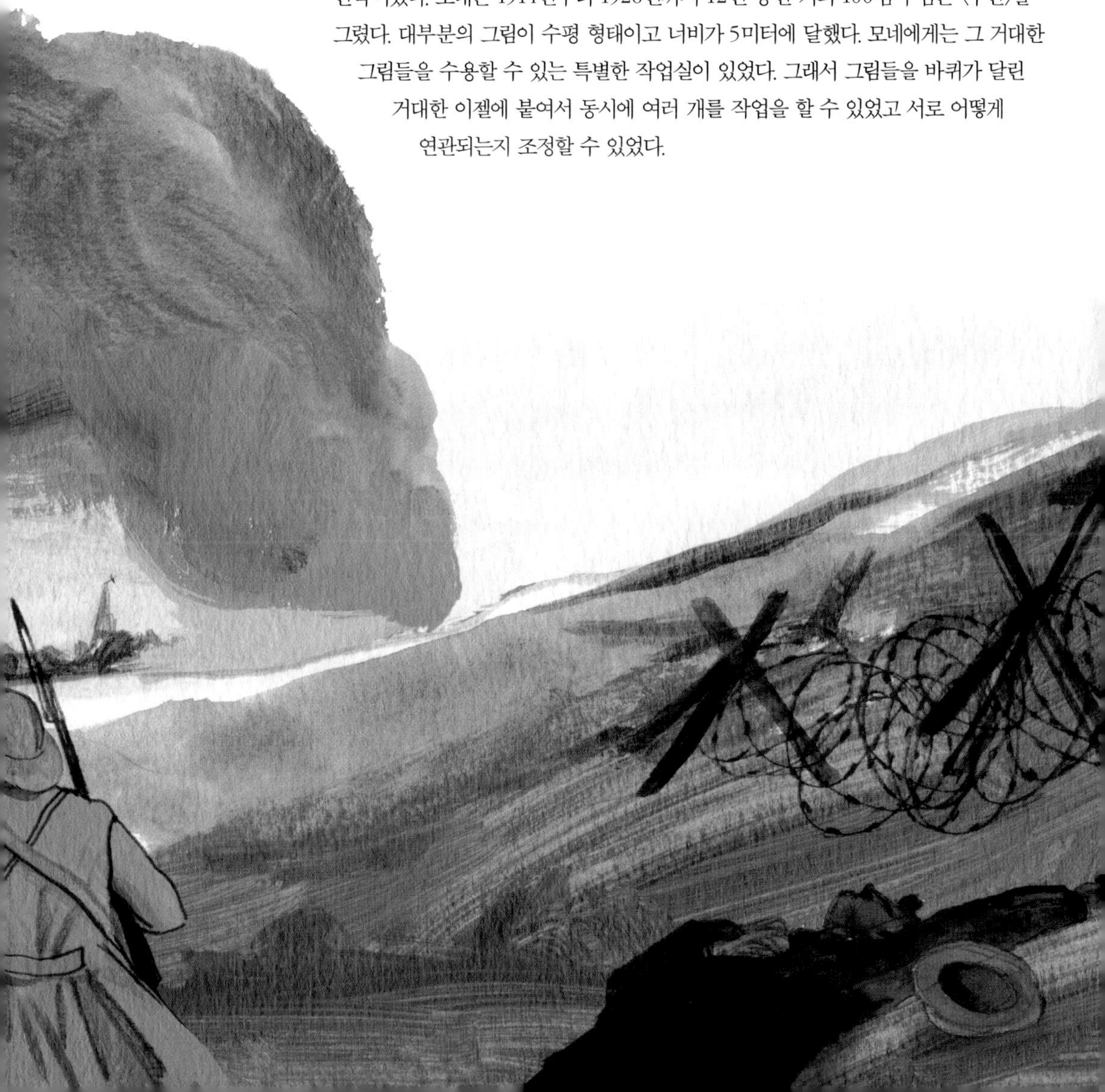

오랑주리 미술관

사별의 아픔과 전쟁 동안에 만들어진 〈수련〉은 약 20년 전 가브리엘 포레Gabriel Fauré의 〈레퀴엠Requiem(진혼곡)〉에 필적하는 작품이다. 그의 〈수련〉에는 희망과 위안이 가득하다. 모네 자신도 '전시회를 찾아오는 사람들이 잔잔한 물의 휴식을 느끼며 일상의 피곤과 긴장을 풀어낼 수 있기를, 그리고 이곳이 평화로운 명상을 위한 쉼터가 되어주기를' 바랐다.

1916년, 모네의 친구이자 고위 정치인이던 조르주 클레망소는 〈수련Water Lilies〉을 소장하기 위해 주정부가 파리에 특별한 건물을 지을 거라고 약속했고, 그 대가로 모네는 그림을 기부하기로 했다. 하지만 타원형 건물을 짓겠다는 초기의 계획은 비용이 너무 많이 들었고, 많은 논쟁 끝에 파리의 튈르리 정원Paris's Tuileries Garden의 오랑주리 Orangerie(이전에는 오렌지 나무가 있던 웅장한 온실)에 두 개의 타원형 방을 만들어 8점의 수련 연작을 골라 전시하는 것으로 계획이 조정되었다.

그러나 오랑주리의 〈수련〉 전시에 어떤 작품을 선택할지, 그것을 어떤 순서로 보여주어야 할지에 대해 핑계와 안일함으로 시간을 끌었고, 결국 오랑주리의 수련 전시는 모네가 죽고 몇 달이 지나도록 열리지 않았다. 오늘날 이 8점의 거대한 수련 연작이 설치되어 있는데, 공중의 눈높이에 걸린 거대한 캔버스가 벽면을 가득 채우며 물과 수련으로 보는 이를 에워싼다. 마치 관람자를 연못 속에 떠 있는 섬으로 만들며 주위의 공간까지 그림으로 끌어들인다.

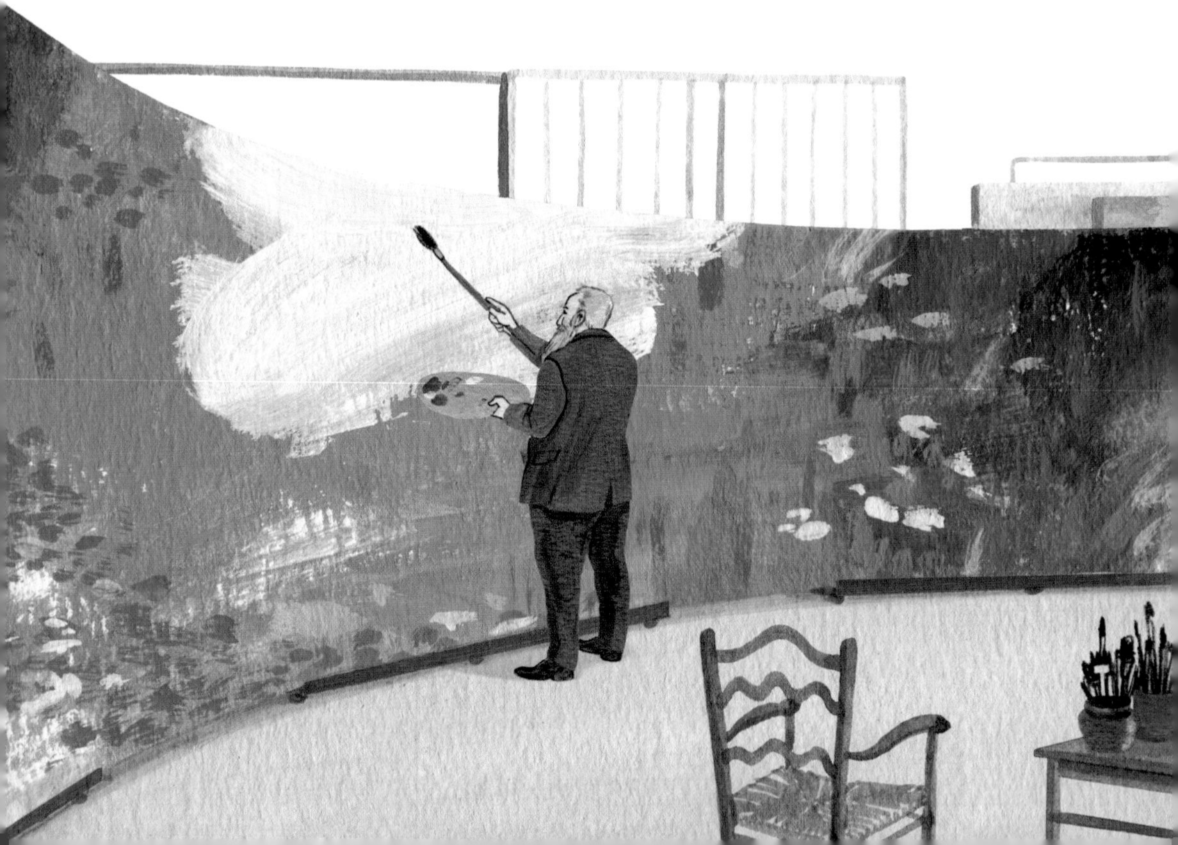

늘 모네는 시대보다 앞서 있었다. 그는 관람자를 몰입하게 만드는 설치 미술을 고안했다. 두 개의 방 사이를 잇는 적당한 거리의 아치형 입구는 흐름의 감각을 더한다.

큰 전시실에서는 하루 중 아침부터 저녁나절까지 시간마다 다른 느낌의 수련 연못을 볼 수 있다. 이른 아침의 푸르스름한 빛과 보라색, 한낮의 타오르는 노란색과 해질 무렵의 주황색까지 그 색상도 다양하다. 모네는 수련의 잎은 '단지 곁들여지는 것' 일 뿐, "모티브의 본질은 물에 비친 반영이며, 그 형상은 매 순간 변한다."고 했다. 작은 전시실에서는 어두운 배경에 수직으로 떨어지는 줄기, 나뭇거리는 수양버드나무와 물위에 드리워진 반상을 볼 수 있다. 푸른색, 보라색, 군데군데 초록색이 흩어진 깊고 어두운 자줏빛이 더욱 균일하게 어우러진 채색을 보여준다.

〈수련Nympheas〉의 가장 특별한 측면 중 하나는 활력 있는 붓질과 다양한 붓 자국이다. 이 거대한 캔버스에는 강렬하고 특이한 색들이 긴장감을 주는데, 밝은 색은 앞으로 나와 보이고 어두운 색은 뒤로 들어가 보이며 깊이의 환시를 만들어 낸다. 각 색상은 무광물감의 칠이 겹겹이 쌓이면서 다음 색상과 조화를 이룬다. 하나의 색이 다른 색과 섞이면서 다채로운 교향곡을 만들어 낸다.

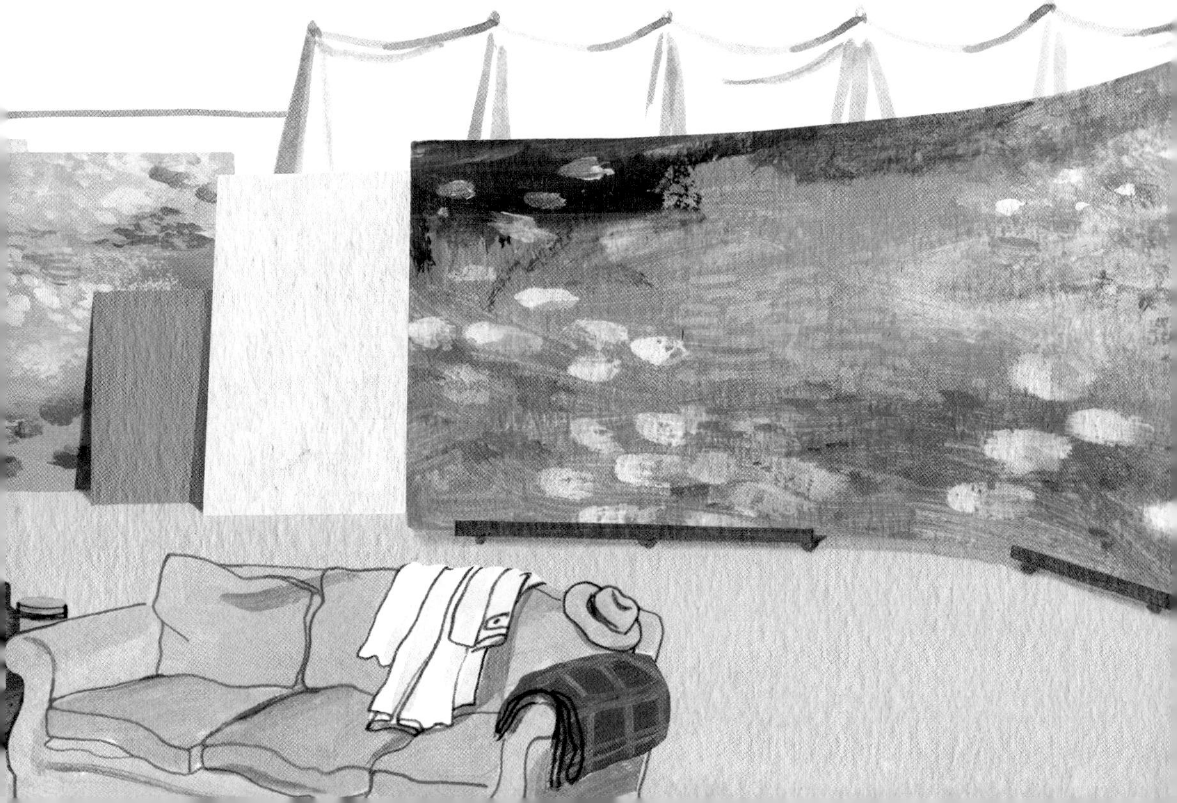

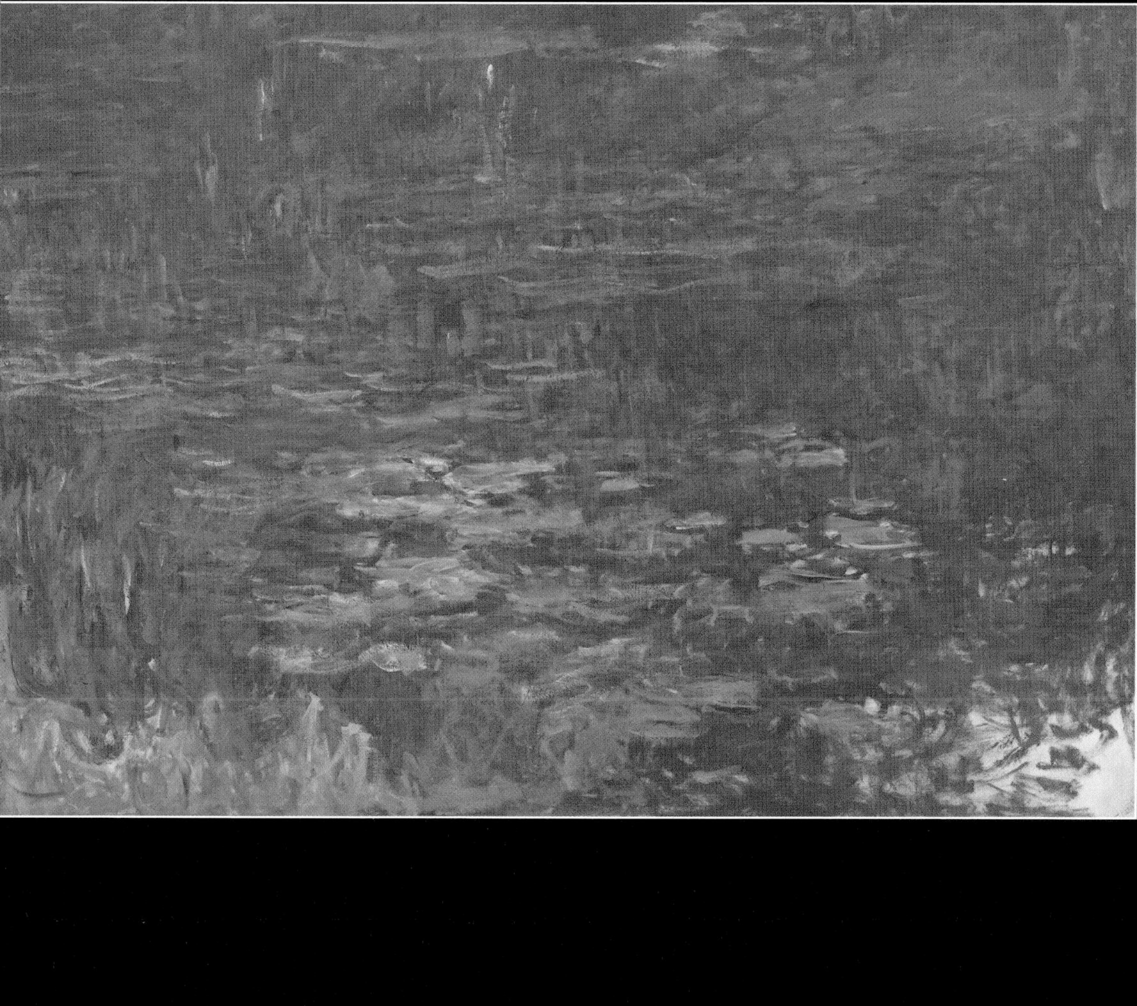

수련: 일몰
Water Lilies: Setting Sun

클로드 모네, 1914-1918

캔버스에 유화
200 × 600 cm(78¾ × 236¼ in)
오랑주리 미술관, 파리

클레망소는 모네가 '마치 영원히 살 것처럼' 〈수련〉 연작을 계속해서 그렸다고 말했다. 그러나 1926년 12월 5일, 모네는 86세의 나이로 세상을 떠났다. 그의 죽음은 뉴스 헤드라인을 장식했지만, 장례식은 그의 요구대로 종교의식이나 연설 없이 조용하게 치러졌다. 클레망소는 친구의 관이 검은색 천으로 둘러지는 모습을 보고서 "모네에게 검은색이란 없소!"라고 단호히 말했다. 그리고 꽃무늬 천으로 대신했다.

모네는 그의 주제에 대해 본능적으로 미적, 정서적 반응을 보였다. 그는 늘 새로운 화법을 탐구하면서도, 결코 예술 이론에 그 기초를 두지 않았다. 모네가 말하길, "나는 자연 앞에서 내가 경험한 것을 전달하는 일을 한다. 그리고…내가 느낀 것을 성공적으로 전달하기 위해서, 느낌을 받는 순간 가장 기본적인 회화의 규칙을 완전히 잊어버리게 된다." 수년 동안 '느낌을 붙잡고' 찰나를 포착하고자 하는 욕구는 점점 그의 예술에 대한 집착이 되어 갔다. 그 과정에서 그는 복잡하고 다층적인 이미지에서 하나의 모티브에 초점을 맞추었다.

19세기에 모네는 매우 영향력 있고 전위적인 인상주의의 지도자였다. 20세기에 들어 새로운 세대의 예술가들에 의해 그의 영향력은 다시 거론되었다. 추상표현주의자를 포함하여 많은 예술가들이 모네의 추상적 개념, 행동적인 붓질, 표현적인 색채, 거대한 스케일의 후기 작품 등에 경의를 표했다. 그렇게 오랜 시간 동안 그렇게 많은 영향을 미칠 수 있는 예술가는 사실 그리 많지 않다. 하지만 모네의 영향력은 그의 예술을 넘어선다. 그의 그림을 보고도 울림을 느끼지 못하는 사람이 과연 얼마나 있을까? 수련이나 건초더미를 볼 때면 여전히 모네의 눈으로 보게 되지 않을까? 모네가 클레망소에게 말했다. "나는 세상이 보여준 것을 보고 내 붓을 통해 그대로 증명해왔습니다. 내 손을 잡고 더 잘 볼 수 있게 서로 도웁시다."

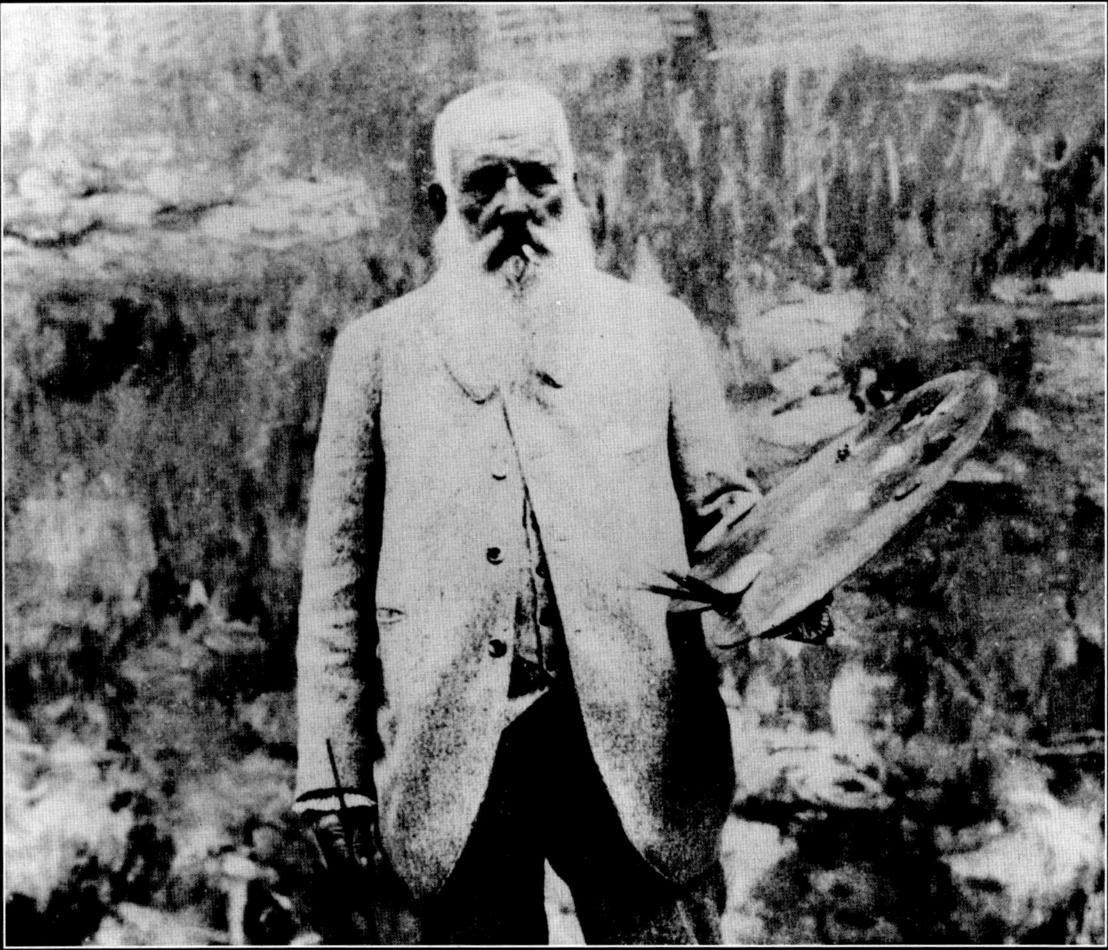

지베르니 작업실에서
자신의 〈수련〉 작품 앞에 서 있는 모네
앙리 마뉘엘의 흑백사진, 1920

감사의 글

내가 처음 모네의 그림을 마음에 품도록 격려해 주신 어머니, 그리고 내게 용기와 조언을 해 준 나의 아이들 조, 톰, 케이티에게 이 책을 바칩니다.

참고 문헌

Richard R. Brettell, *Impression: Painting Quickly in France, 1860-90* (Yale University Press, 2000)
Michael Clarke and Richard Thomson, *Monet, The Seine and The Sea* (National Galleries of Scotland, 2006)
Annette Dixon, Carole McNamara and Charles Stuckey, *Monet at Vétheuil: The Turning Point* (University of Michigan Press, 1999)
Andrew Forge, Robert Gordon, Claire Joyes and Jean-Marie Toulgouat, *Monet at Giverny* (Mathews Miller Dunbar, 1975)
John House, *Monet: Nature into Art* (Yale University Press, 1986)
Richard Kendall, ed., *Monet by Himself* (Macdonald & Co, 1989)
Paul Hayes Tucker, *Claude Monet: Life and Art* (Yale University Press, 1995)
Paul Hayes Tucker with George T.M. Shackelford and MaryAnne Stevens, *Monet in the 20th Century* (Yale University Press, 1998)
Daniel Wildenstein, *Monet or The Triumph of Impressionism* (Taschen, 2014)
Daniel Wildenstein, *Monet's Years at Giverny: Beyond Impressionism* (Metropolitan Museum of Art, 1978)

작품 저작권

글

사라 파프워스 Sara Pappworth
사라 파프워스는 미술사가이자 교사이며 사진작가이다. 그녀는 박물관과 미술관에서 20년 이상 가르쳐 왔으며, 현재는 테이트 브리튼Tate Britain, 테이트 모던Tate Modern, 빅토리아&알버트 박물관Victoria & Albert Museum, 월레스 컬렉션Wallace Collection 및 국립 미술관National Gallery에서 일하고 있다.

일러스트레이션

오드 반 린 Aude Van Ryn
오드 반 린은 런던의 센트럴 세인트마틴스Central St Martins 예술대학과 왕립 미술 칼리지the Royal College of Art에서 공부했다. 그녀는 영화 포스터, 르 팽 코티디앵Le Pain Quotidien의 포장재 제작을 하고 있으며, 영국심장재단BHF: British Heart Foundation을 위한 캠페인 홍보를 하고 있다. 그녀의 일러스트레이션은 런던과 도쿄의 갤러리 쇼를 비롯해 여러 전시회에서 선보였다.

옮긴이

김영주
미국 에모리 대학교에서 미술사를 전공했고 현재 전문번역가로 활동하고 있다. 《디스 이즈 고야》, 《디스 이즈 칸딘스키》 등 다수 작품을 번역했다.